Grundschule

Rudi Lütgeharm

DIFFERENZIERUNG IM SPORTUNTERRICHT

Grundtätigkeiten und Bewegungslandschaften

Koordination und Kondition

Gerätturnen & Leichtathletik

Kleine Spiele

- Individuellen Voraussetzungen gerecht werden
- Binnendifferenzierung und adaptiver Unterricht
- Differenzierung planen und praktisch umsetzen

Differenzierung im Sportunterricht

Grundschule

2. Auflage 2025

Inhalt: Rudi Lütgeharm
Illustrationen: Scott Krausen
Umschlagbild: © Scott Krausen
Redaktion: Kohl-Verlag
Grafik & Satz: Eva-Maria Noack / Kohl-Verlag
Druck: Druckerei Flock, Köln

Bestell-Nr. 13 019

ISBN: 978-3-98841-050-4

Bildquellen © AdobeStock.com:

S. 8: LIGHTFIELD STUDIOS; **S. 18**: Mariakray, L.Bouvier, Rémy MASSEGLIA; **S. 21**: yotto, eestingnef, Robert Kneschke; **S. 26**: PATTARAWIT (bearb. 2x); **S. 33**: PATTARAWIT (bearb. 2x); **S. 36**: Zaharia Levy; **S. 56**: LIGHTFIELD STUDIOS; **S. 61**: WoGi; **S. 62**: Microgen; **S. 64**: MidoSemsem; **S. 68**: MidoSemsem, FS-Stock; **S. 69**: Kekyalyaynen

Kontakt: Kohl-Verlag, An der Brennerei 37-45, 50170 Kerpen
Tel: +49 2275 331610, Mail: info@kohlverlag.de

Inhalt

Differenzierung „praktisch“ in der Übersicht

Um dem Sportlehrer einen schnellen Zugriff auf ein gewähltes Thema zu ermöglichen, werden alle in diesem Buch behandelten Differenzierungsmaßnahmen in dieser Übersicht nach Themen geordnet:

Thema (Grundtätigkeiten – Kondition und Koordination – Gerätturnen – Leichtathletik – Schwimmen – Spiele)	Anzahl Übungen	Kapitel	Seite
Grundtätigkeiten			
Prellen eines Gymnastikballes Fortlaufende Differenzierung	7	2	**15**
Anwenden und Schulen der Grundtätigkeit Balancieren Differenzierung durch Veränderung der Geräte	4	6.2	**32**
Übungen an der Kastenreihe Methodische Differenzierung	5	7	**37**
Überwindet den Stützbarren von einer Seite zur anderen! Differenzierung durch individuelle Lösungen	6	8.2	**40**
Bewegt euch mit dem Gymnastikreifen! Differenzierung durch individuelle Lösungen	6	8.2	**41**
Was kann man mit einem Gymnastikstab alles machen? Differenzierung durch individuelle Lösungen	6	8.2	**42**
Übergrätschen der in Reihe stehenden kleinen Kästen Differenzierung durch die Aufgabenstellung	4	8.3	**45**
Stützeln durch die Holmgasse Differenzierung nach der Leistungsfähigkeit	2	9	**51**
Seilspringen Differenzierung durch unterschiedliche Aufgaben	4	9	**52**
Kondition und Koordination			
Kräftigung der Bauchmuskulatur Innere Differenzierung	5	2	**12**
Liegestütz vorlings am Boden Differenzierung durch Veränderung der Kernübung	5	4.2	**21**
Schulen koordinativer Fähigkeiten: Werfen und Fangen des Balles Fortlaufende Differenzierung	4	5.2	**24-25**
Kräftigen der Bein-/Sprungmuskulatur: Hüpfen an der Bank Differenzierung innerhalb einer Aufgabe	5	6.2	**32**
Kräftigen der Hauptmuskelgruppen – Übungen zu dritt mit Stäben Differenzierung durch unterschiedliche Aufgaben	4	6.2	**33**
Verbessern von konditionellen und koordinativen Fähigkeiten Differenzierung durch die Anzahl der Wiederholungen	3	6.2	**33**
Verbessern von konditionellen und koordinativen Fähigkeiten Differenzierung durch Erhöhen bzw. Verringern der Belastungszeit	3	6.2	**34**
Sprung in den Stütz am schulterhohen Reck Differenzierung durch unterschiedlich hohe Geräte	3	8.3	**43**
Schulen koordinativer Fähigkeiten – Prellen des Balles 4 Stationen – keine Differenzierung	4	8.4	**48**
Schlusssprünge auf kleinen Kasten + Auf-/Abstützeln an der Bank Differenzierung durch die Anzahl der Wiederholungen	2	9	**51**

Differenzierung „praktisch“ in der Übersicht

Thema (Grundtätigkeiten – Kondition und Koordination – Gerätturnen – Leichtathletik – Schwimmen – Spiele)	Anzahl Übungen	Kapitel	Seite
Gerätturnen			
Lernen und Üben der Hockwende Differenzierung in drei Gruppen	7	2	**14**
Üben der Hockwende Differenzierung durch erleichterte / erschwerte Bedingungen	5	4.2	**22**
Lernen und Üben der Rolle vorwärts Fortlaufende Differenzierung	6	5.2	**26-27**
Üben der Hockwende Didaktische Differenzierung	4	7	**36**
Grätsche über Bock und T-Bock Differenzierung durch unterschiedlich hohe Geräte	3	8.3	**43**
Aufschwung am Reck Differenzierung durch die Aufgabenstellung	3	8.3	**44**
Aufschwung, Umschwung und Unterschwung Differenzierung nach der Leistungsfähigkeit	3	8.3	**44**
Kehre am Stützbarren Differenzierung durch Veränderung der Kernübung	5	8.4	**47**
Aufschwung am Reck Differenzierung durch unterschiedliche Aufgaben	2	9	**52**
Lernen und Üben des Handstandabrollens Differenzierung in drei Gruppen (= konvergente Differenzierung)	12	10.1	**56-59**
Lernen und Üben der Grätsche über den Bock Differenzierung durch Auffächerung (= divergente Differenzierung)	8	10.2	**67-68**
Leichtathletik			
Weitsprung über einen Sandwall – mit Zusatzaufgaben Differenzierung nach der Leistungsfähigkeit	3	8.3	**46**
Lernen und Üben des Schlagballwurfs Differenzierung in drei Gruppen (= konvergente Differenzierung)	12	10.1	**60-62**
Hochsprung vorbereiten – Lernen des Schersprungs Differenzierung durch Auffächerung (= divergente Differenzierung)	6	10.2	**71**
Schwimmen			
Lernen und Üben des Kopfsprungs ins Wasser Differenzierung durch erleichterte Bedingungen	4	3	**18**
Lernen und Üben der Beinbewegung beim Brustschwimmen Differenzierung in drei Gruppen (= konvergente Differenzierung)	13	10.1	**63-65**
Lernen und Üben des Kraulbeinschlages in der Rückenlage Differenzierung durch Auffächerung (= divergente Differenzierung)	8	10.2	**69-70**
Spiele			
Tauziehen – Wackelbrücke – Königsball Differenzierung durch individuelle Anteile	3	8.4	**49**
Zubringerstaffel – Austauschstaffel Differenzierung nach der Leistungsfähigkeit	2	9	**50-51**
Kastenteilstaffel Differenzierung durch Regelveränderungen bei kleinen Spielen	3	6.2	**34**

Vorwort und Einführung

Heterogenität – motorische Voraussetzungen – aktive Teilhabe

Die Schüler* bringen unterschiedliche motorische Voraussetzungen, Interessen, Erfahrungen und Fähigkeiten in den Sportunterricht der Grundschule mit. Aufgrund dieser Heterogenität brauchen sie einen Sportunterricht, der die Vielfalt als Herausforderung und nicht als Hindernis begreift. Die Aufgabe des Sportlehrers besteht darin, jeden Schüler auf seinem „sportlichen Weg“ zu unterstützen, zu erklären, ihnen zu helfen, aber auch Leistungen einzufordern.
Sportunterricht in der Grundschule mit „ganz normalen Klassen“ (Jahrgangsklassen) ist nicht einfach, weil in der Praxis meistens sehr schnell die unterschiedlichen Leistungsvoraussetzungen (Lernfähigkeit – Leistungsvermögen – Leistungsgrenzen) sichtbar werden. Im Gegensatz zu anderen Fächern wie Deutsch, Sachunterricht und Mathematik, wo jeder Schüler an seinem Platz sitzt und die gestellten Aufgaben allein und zunächst nicht einsehbar für den Lehrer und alle anderen Schüler zu lösen versucht, wird im Sportunterricht eine Schwäche oder Stärke sofort für alle sichtbar. Die Notwendigkeit der Differenzierung im Sportunterricht ergibt sich aus den anlage- und entwicklungsbedingten Leistungsvoraussetzungen einschließlich der Einflüsse der Akzeleration und Retardation.

> „Recht auf Gleichheit heißt auch Recht auf Differenz.“ (von Hentig)

Im Sportunterricht der Grundschule gab und gibt es nie homogene Gruppen. Der Sportunterricht mit motorisch schwächeren, ängstlichen, übergewichtigen, hyperaktiven und konzentrationsgestörten, aber auch mit besonders leistungsstarken Schülern ist in einer Jahrgangsklasse der pädagogische Normalfall, mit dem der Sportlehrer vor Ort zurechtkommen muss.

> Heterogene Fähigkeiten und Fertigkeiten erfordern auch heterogene Vorgehensweisen und Bewegungsangebote.

<u>Beispiel</u>: Kräftigung der Bauchmuskulatur – für jeden die passende Übung

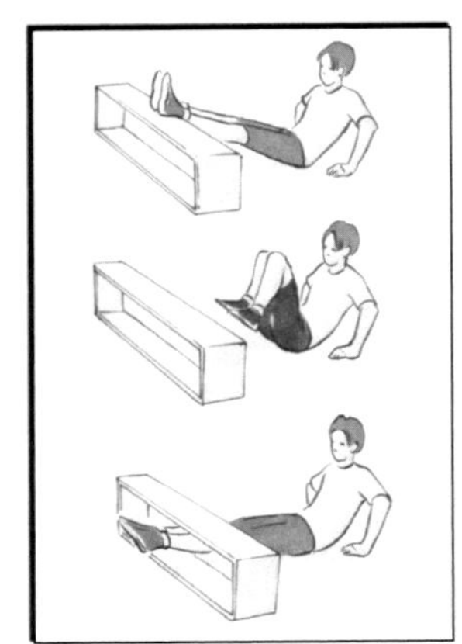

Hinweis: Mit Schülern bzw. Lehrern sind im ganzen Heft selbstverständlich auch die Schülerinnen und Lehrerinnen gemeint!

Vorwort und Einführung

Heterogenität im Sportunterricht der Grundschule zeigt sich u. a. folgendermaßen:

In einer 1./2. Klasse gibt es ...

→ Kinder mit einer Körpergröße von 1,15 m, andere dagegen sind 1,25 m groß;
→ zarte und sehr schlanke Kinder, aber auch immer mehr übergewichtige Kinder;
→ Kinder mit unterschiedlich entwickelten konditionellen und koordinativen Fähigkeiten;
→ Kinder mit recht unterschiedlich ausgeprägten Vorerfahrungen mit den sog. Grundtätigkeiten: gehen, laufen, hüpfen, springen, stützen, schwingen, hängen, balancieren, heben, tragen, ziehen, schieben, rollen, wälzen;
→ Kinder, die regelmäßig ein- bis zweimal in der Woche „zum Sport" gehen, andere, die dagegen keinen außerschulischen Sport betreiben.

In einer 1./2. Klasse gibt es Kinder, ...

→ die im Stand über das kurz gefasste Seil steigen können, erst mit einem Fuß, dann mit dem anderen Fuß – vor- und rückwärts;
→ die das an beiden Enden gefasste Seil tief über dem Boden schwingen und selbst darüber hüpfen können;
→ die schon den Grundsprung (Seilspringen vorwärts mit beiden Füßen = Schlusssprünge) mit und ohne Zwischenhüpfer ausführen können.

In einer 3./4. Klasse gibt es Kinder, ...

→ die mit einer Hand den Gymnastikball mehrmals rhythmisch auf den Boden prellen können;
→ die mit einer Hand den Gymnastikball auf den Boden prellen, schnell eine 1/1-Drehung ausführen und anschließend weiter prellen können;
→ die zwei Gymnastikbälle gleichzeitig mehrmals rhythmisch auf den Boden prellen können.

Vorwort und Einführung

Diese einfachen Beispiele machen deutlich, dass sich der Sportlehrer in der Praxis mit recht unterschiedlichen Leistungsvoraussetzungen der Schüler beschäftigen und sich darauf vorbereiten muss.

> Den unterschiedlichen Bedürfnissen und Erwartungen der Kinder muss auch in der ganz normalen Sportstunde entsprochen werden.

Je mehr der Sportlehrer von Bewegung, Sport und Spiel versteht, d. h. je größer und komplexer seine Fachkompetenz ist, desto eher und schneller werden ihm geeignete Lösungsvorschläge in Bezug auf Methodik, Übungsauswahl, Geräthilfen und andere unterstützende Maßnahmen einfallen, um allen Kindern gerecht zu werden.

> Ziel muss es sein, dass alle Jungen und Mädchen aktiv am Sportunterricht „teilhaben“ können und ihnen Erfolgserlebnisse ermöglicht werden – dies gilt ganz besonders für den Sportunterricht in der Grundschule.

Beispiel: Gymnastikball mit dem Stab prellen – für jeden ein Erfolgserlebnis

Mit einem Stab auf den am Boden liegenden Gymnastikball schlagen und ihn zum Springen bringen. Anschließend versuchen, ihn mit dem Stab weiter zu prellen.

Mit einem Stab auf den im Reifen liegenden Gymnastikball schlagen und ihn zum Springen bringen. Danach den Ball weiter im Reifen prellen.

Den Ball mit der Stabmitte prellen und anschließend mit dem Stab schnell einmal über den fallenden Ball einen Kreis beschreiben, dann wieder prellen usw.

Liegestütz vorlings – für alle sichtbar

Dieses Buch erläutert den Begriff Differenzierung und ihre Ziele sowie die Ebenen und die verschiedenen Formen der Differenzierung. Im Vordergrund stehen dabei immer die Anwendbarkeit und praktische Umsetzung im ganz normalen Sportunterricht. Beispiele mit zahlreichen Abbildungen aus den Fachbereichen „Grundtätigkeiten – Kondition und Koordination – Gerätturnen – Leichtathletik – Schwimmen – Spiele“ veranschaulichen die Zielsetzungen der Differenzierungsmaßnahmen. Die Inhalte dieses Buches versetzen den Sportlehrer in die Lage, den unterschiedlichen Voraussetzungen der Kinder in einer ganz normalen Jahrgangsklasse mit Hilfe differenzierender Maßnahmen gerecht zu werden. Viel Spaß und Erfolg dabei wünschen der Kohl-Verlag und

Rudi Lütgeharm

Mittleres Kindesalter und Sportunterricht in der Grundschule

Schuljahrgänge – motorische Lernfähigkeit – Bewegungsdrang

Als mittleres Kindesalter werden die Lebensjahre 7 bis 9/10 Jahre bezeichnet (nach Meinel/ Schnabel), in der Regel also die Schuljahrgänge 1/2 bis 4. Mit Beginn des Schulbesuchs ist es besonders wichtig, dem ausgeprägten Bewegungsbedürfnis der Kinder soweit wie möglich Rechnung zu tragen.[1]

Vorherrschender Grundzug des motorischen Verhaltens der Kinder dieser Altersstufe ist die ausgeprägte Lebendigkeit oder Mobilität. Sie ist gepaart mit einer freudigen Bereitschaft zur Lösung sportlicher Bewegungsaufgaben. Typisch für das mittlere Kindesalter ist die schnelle Zunahme der motorischen Lernfähigkeit. Dies wird besonders deutlich im 9. und 10. Lebensjahr.[2]

Zurückzuführen ist dieser Trend auf die überwiegend günstigen körperlichen Voraussetzungen und auf die freudige Bereitschaft sportliche Aufgaben zu lösen.

Die o. g. Punkte machen deutlich, dass Kinder in diesem Alter immer wieder neue Bewegungsanlässe benötigen. Häufig suchen sie selbst in ihrer Umwelt danach, indem sie über Bordsteinkanten balancieren oder auf eine kleine Mauer klettern und anschließend freudvoll runterspringen.

„Kinder wollen sich bewegen – Bewegung ist ein kindliches Bedürfnis“

Die Bewegungsangebote im Sportunterricht müssen vielfältig und abwechslungsreich sein, um insgesamt und umfassend die motorische, soziale und emotionale Entwicklung der Kinder zu unterstützen und zu fördern.

Im Sportunterricht der Grundschule wird in der Regel das Erlernen der schulsportlich elementaren Bewegungsfertigkeiten (siehe Lehrplan) in der Grobform und natürlich das Erweitern der Bewegungserfahrungen sowie das Schulen/Vervollkommnen der konditionellen und koordinativen Fähigkeiten angestrebt. In jeder Sportstunde ist es wichtig, den starken Bewegungsdrang, das Nachahmungsbedürfnis und das Verlangen nach Abwechslung sowie das noch unausgeglichene Konzentrationsvermögen zu berücksichtigen.

Sportunterricht praktisch – wichtige Hinweise

- Schüler im mittleren Kindesalter brauchen einen Sportunterricht mit einem vielseitigen Bewegungsangebot, abwechslungsreich und freudbetont gestaltet, das gilt gleichermaßen für den Sportunterricht in der Halle und/oder draußen auf dem Sportplatz.
- Das Mitüben (sich aktiv beteiligen) des Sportlehrers, z. B. beim gemeinsamen Warmlaufen auf dem Sportplatz, das Mitspielen beim einleitenden Spiel „Kurze Kette“ oder das Vormachen des Aufschwungs am Reck, der Rolle vorwärts am Boden, das Prellen des Balles mit einem Gymnastikstab usw. wirken motivierend auf die Schüler, ebenso unterstützen verbale Impulse und Ansporn den Lern- und Übungsprozess.

[1] Meinel K./Schnabel G.: Bewegungslehre – Sportmotorik, S. 286
[2] Meinel K./Schnabel G.: Bewegungslehre – Sportmotorik, S. 286

1 Mittleres Kindesalter und Sportunterricht in der Grundschule

„Kurze Kette": Der Sportlehrer beginnt mit einem Schüler (Handfassung). Alle anderen Schüler bewegen sich frei im Raum. Das Fängerpaar versucht einen dritten Spieler abzuschlagen, der sich dann anreiht. Sobald ein vierter Spieler abgeschlagen worden ist, trennt sich die Viererkette und wird zu zwei neuen Zweierketten.

Das bisher so wichtige Lernen durch Anschauen und Nachmachen wird am Ende des mittleren Kindesalters (in den 4. Klassen) immer mehr durch bewusstes Wahrnehmen und Begreifen der Bewegungshandlungen (worauf kommt es an – was muss ich beachten) ergänzt.

Der Einsatz von Hand- und Großgeräten in Form von Bewegungslandschaften und Abenteuerturnen übt einen hohen Aufforderungscharakter auf die Schüler aus. Auch hier sollten schon differenzierte Aufgabenstellungen sichtbar werden, damit alle Kinder aktiv mitmachen können.

Beispiele:

2 Kerncurricula/Lehrpläne und Differenzierung

Lernbereiche/Lernfelder – Gestaltung/Durchführung

Ausgangspunkt jeglicher Überlegungen für Differenzierungsmaßnahmen sind immer die Rahmenvorgaben der Kerncurricula/Lehrpläne der Bundesländer.

> Länderübergreifend wird in den Lehrplänen für die Grundschule die Forderung nach einem differenzierten und individualisierten Unterricht zum Ausdruck gebracht, um den individuellen Leistungsvoraussetzungen und -ständen der Schüler gerecht zu werden.

Im Folgenden werden beispielhaft Auszüge aus den Kerncurricula der Bundesländer Sachsen, Niedersachsen, Nordrhein-Westfalen aufgeführt.

Zunächst werden die Lernbereiche, Erfahrungs-/Lernfelder und Schwerpunkte aufgelistet und anschließend wichtige Punkte zur Gestaltung und Durchführung des Sportunterrichts in Bezug auf innere Differenzierung, individuelle Lernvoraussetzungen und Niveaustufen genannt. Diese Schwerpunkte werden anschließend zum besseren Verständnis mit Beispielen veranschaulicht.

Sächsisches Staatsministerium für Kultus – Lehrplan Grundschule – Sport – S. 8
Lernbereiche

Lernbereich 1:	leichtathletische Übungen;
Lernbereich 2:	Spiele und Spielformen;
Lernbereich 3:	turnerische Übungen;
Lernbereich 4:	gymnastisch-tänzerische Übungen;
Lernbereich 5:	Schwimmen;
Lernbereich 6:	Wintersport

Das breite Leistungsspektrum der Grundschüler bedingt einen differenzierten und individualisierten Unterricht. Im Vordergrund steht die innere Differenzierung, die den individuellen Lernvoraussetzungen und Leistungsständen sowie den unterschiedlichen Zugangsweisen zum Lernstoff und dem unterschiedlichen Lerntempo gerecht wird. Das erfordert vom Lehrer diagnostische Fähigkeiten und eine sorgfältige Analyse. Die darauf aufbauenden Lernschritte sollen weniger am Defizit als vielmehr am individuellen Lernfortschritt orientiert sein.

Innere Differenzierung | ***Individuelle Lernvoraussetzungen***

Die innere Differenzierung (Binnendifferenzierung) ist die bewusste Auseinandersetzung mit Heterogenität. Es wird versucht, der Unterschiedlichkeit der Schüler gerecht zu werden. Das Hauptziel besteht darin, Erfolgserlebnisse für schwache, starke, aber auch mittelstarke Schüler zu schaffen.

2 Kerncurricula/Lehrpläne und Differenzierung

Beispiel: Kräftigung der Bauchmuskulatur

Innere Differenzierung

1. Sitz mit leicht gebeugten Knien, die Hände stützen seitlich ab: Die Beine anheben und kurz die Füße auf die Kastenkante aufsetzen. Anschließend die Füße wieder auf den Boden führen.

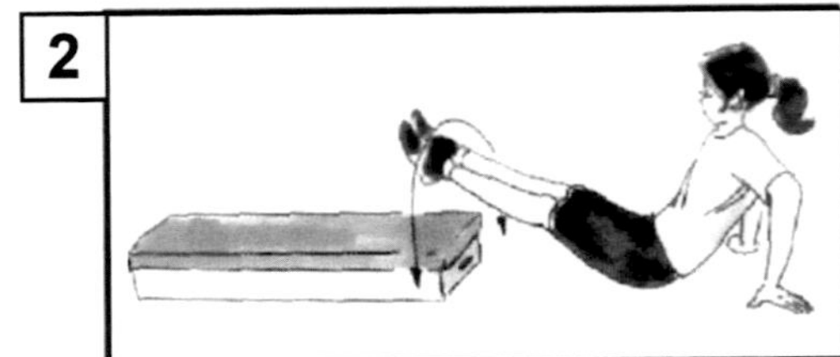

2. Strecksitz, die Hände stützen neben dem Körper ab: Die fast gestreckten Beine über den Kastendeckel führen und auf der anderen Seite ablegen, dann wieder zurück in die Ausgangsstellung.

3. **a)** An Schmalseiten:
   Die Beine anheben und über das Kastenteil führen und auf der anderen Seite ablegen. Gleich danach geht es wieder zurück.

   b) An Längsseiten:
   Die Füße in das Kastenteil hinein strecken, danach leicht anhocken und über das Kastenteil führen, wieder leicht anhocken und zurück in das Kastenteil.

4. Strecksitz:
   Die Füße über das Kastenteil führen und dort den angereichten Ball mit beiden Füßen annehmen. Danach sofort anhocken und anschließend in die Kastenteilöffnung strecken, um dort den Ball wieder abzugeben. Danach die Füße wieder über das Kastenteil führen bis zur nächsten Ballannahme.

5. Im Hocksitz gegenüber, mit leicht geöffneten Knien, die Füße werden gegenseitig unter die Oberschenkel des Partners geschoben:
   Den Medizinball mit den Händen über Kopf halten, gemeinsam langsam den Rumpf absenken in die Rückenlage mit Bodenkontakt. Anschließend wieder aufrichten in die Ausgangslage.

Niedersächsisches Kultusministerium – Kerncurriculum für die Grundschule – Schuljahrgänge 1-4 – Sport – S. 11

Erfahrungs- und Lernfelder

→ Spielen;
→ Turnen und Bewegungskünste;
→ Gymnastisch-rhythmische und tänzerische Bewegungsgestaltung;
→ Laufen, Springen, Werfen;
→ Schwimmen, Tauchen, Wasserspringen;
→ Bewegen auf rollenden und gleitenden Geräten;
→ miteinander Kämpfen und Kräfte Messen

2 Kerncurricula/Lehrpläne und Differenzierung

Da menschliches Bewegen immer eine individuelle Auseinandersetzung mit der Welt ist, müssen Situation und Aufgabe innere Differenzierungen ermöglichen und unterschiedliche Bewegungsergebnisse zulassen.

Die erwarteten Kompetenzen im Fach Sport, die im Unterricht in einem <u>differenzierten Lernprozess</u> zu erwerben sind, beinhalten die Fähigkeit der Schüler zur Lösung einer Bewegungsaufgabe oder eines Bewertungsproblems. Sie zeigen außerdem, auf welcher <u>Niveaustufe</u> inhaltsbezogene Kompetenzen bei den Schülern zu entwickeln sind.

Differenzierter Lernprozess

Niveaustufe

Der Sportlehrer muss aufgrund seiner Erfahrungen und seiner Kompetenz in der Lage sein, „einen gemeinsamen Sportunterricht mit unterschiedlichen, d.h. differenzierten Aufgabenstellungen" zu gestalten/organisieren.

In der Regel gibt es in der Jahrgangsklasse drei Niveaustufen, und zwar:

Schüler mit ...	benötigen ...	**Niveau**
schwachen motorischen Voraussetzungen und einer geringen physischen Belastungsfähigkeit	Unterstützung in Form von leichteren (abgestuften) Bewegungsangeboten	**Grundlegendes Niveau**
Meistens eine kleine Gruppe von Schülern, die aber der besonderen Aufmerksamkeit und Zuwendung des Sportlehrers bedürfen, weil sie ein leichteres und abgestuftes Angebot benötigen, um zu Erfolgserlebnissen zu kommen.		
durchschnittlichen motorischen Voraussetzungen und einer „normalen" (erwarteten) physischen Belastungsfähigkeit	Grundanforderungen	**Mittleres Niveau**
Meistens die große, mittlere Gruppe in der Klasse, die über eine methodische Übungsreihe die jeweilige Bewegungsfertigkeit in der Grobform lernt bzw. mit mittleren Wiederholungszahlen und Belastungszeiten übt.		
guten bis sehr guten motorischen Voraussetzungen, komplexen Vorerfahrungen und einer hohen physischen Belastungsfähigkeit	weiterführende und anspruchsvollere Aufgaben	**Erweiterzes Niveau**
Eine kleinere Gruppe von Schülern, die aber schnell die angestrebten Ziele erreichen – „Lernen auf Anhieb" – und dann anspruchsvollere Aufgaben benötigen: Feinform, Variationen, höhere Belastungen.		

<u>Hinweis</u>: natürlich gibt es auch in jeder Niveaustufe weitere Unterschiede, die zu beachten sind. Die Übergänge zwischen den Niveaustufen sind fließend – individuell und nach Situation.

Differenzierung im Sportunterricht / Grundschule – Bestell-Nr. 13 019

2 Kerncurricula/Lehrpläne und Differenzierung

Beispiel: Lernen und Üben der Hockwende

Differenzierung in drei Gruppen

Grundlegendes Niveau

→ Hockwenden im Hockstütz über eine Linie; (Abb. 1)
→ Hockwende an der Turnbank mit Aufsetzen beider Füße auf der Sitzfläche der Bank, anschließendes Hüpfen auf den Boden;
→ Hockwenden auf der Stelle mit Zwischenhüpfer neben der Turnbank – hin und her. (Abb. 2)

Mittleres Niveau

→ Hockwenden auf der Stelle mit Zwischenhüpfer neben der Turnbank – hin und her; (Abb. 2)
→ Hockwenden in der Fortbewegung mit/ohne Zwischenhüpfer an der Turnbank; (Abb. 3)
→ Hockwenden an der ansteigenden Turnbank mit/ohne Zwischenhüpfer; (Abb. 4)
→ Hockwenden mit/ohne Zwischenhüpfer an der eingehängten Turnbank. (Abb. 5)

Erweitertes Niveau

→ Hockwenden in der Fortbewegung mit/ohne Zwischenhüpfer an der Turnbank; (Abb. 3)
→ Hockwenden an der ansteigenden Turnbank mit/ohne Zwischenhüpfer; (Abb. 4)
→ Hockwenden mit/ohne Zwischenhüpfer an der eingehängten Turnbank; (Abb. 5)
→ Anlauf und Hockwende über den drei- bis vierteiligen Kasten mit Sprungbrett; (Abb. 6)
→ Hockwende am Stützbarren vom kleinen Kasten in der Mitte über einen Holm. (Abb. 7)

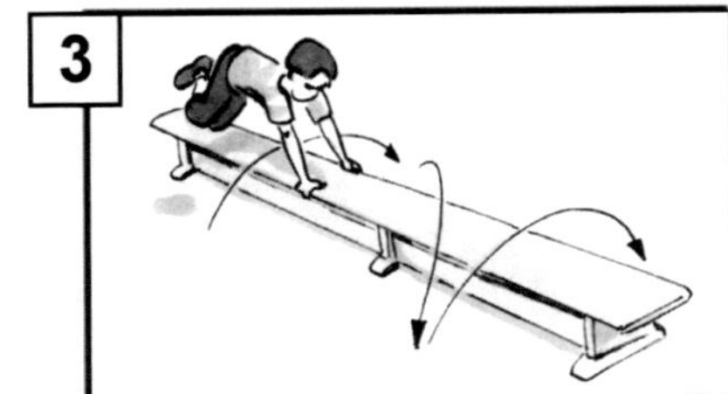

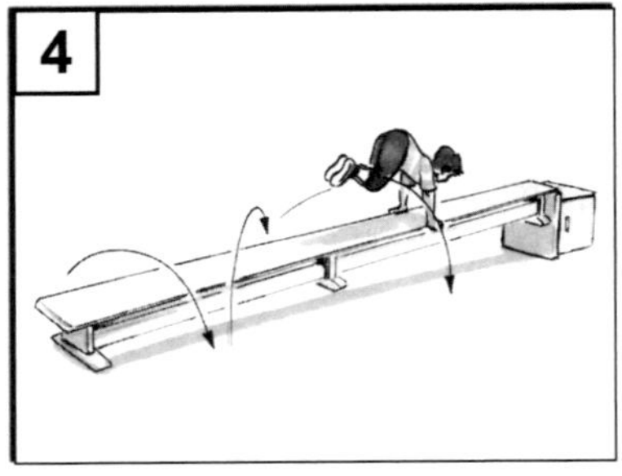

Ministerium für Schule und Weiterbildung des Landes Nordrhein-Westfalen – Lehrplan Sport Grundschule – S. 113

Bereiche und Schwerpunkte

→ den Körper wahrnehmen und Bewegungsfähigkeiten ausprägen;
→ das Spielen entdecken und Spielräume nutzen;
→ Laufen, Springen, Werfen – Leichtathletik;
→ Bewegen im Wasser – Schwimmen;
→ Bewegen an Geräten – Turnen;
→ Gestalten, Tanzen, Darstellen – Gymnastik, Tanz, Bewegungskünste;
→ Spielen in und mit Regelstrukturen – Sportspiele;
→ Gleiten, Fahren, Rollen – Rollsport, Bootssport, Wintersport;
→ Ringen und Kämpfen – Zweikampfsport.
→ miteinander Kämpfen und Kräfte Messen

2 Kerncurricula/Lehrpläne und Differenzierung

Jungen und Mädchen kommen mit unterschiedlichen Vorerfahrungen in die Schule. Dies betrifft sowohl die motorische als auch die soziale und kognitive Entwicklung. Der Sportunterricht in der Grundschule hat die Aufgabe, diesen unterschiedlichen Dispositionen der Kinder durch Individualisieren und Integrieren gerecht zu werden. Dies bedeutet, allen Mädchen und Jungen individuell passende, ihrem jeweiligen Entwicklungsstand entsprechende Erfahrungs- und Lerngelegenheiten beim Bewegen und Spielen bereitzustellen.

Unterschiedliche Vorerfahrungen	***Individualisieren und Integrieren***

Beispiel: Prellen eines Gymnastikballes

Fortlaufende Differenzierung

Alle Schüler erhalten einen Gymnastikball, suchen sich einen freien Platz in der Sporthalle und führen entsprechend ihrer Möglichkeiten/Voraussetzungen die folgenden Aufgaben aus. Das heißt, sie können auch länger bei einzelnen Übungen verweilen und gelangen dann bewusst nicht bis zum Ende der sich steigernden Übungsreihe:

- → einen am Boden liegenden Ball durch leichtes Schlagen mit der Hand zum Springen/Prellen bringen, mit der rechten und linken Hand versuchen; (Abb.1)
- → beliebiges Prellen des Balles im Stand mit der geübten Hand; (Abb. 2)
- → Prellen des Balles mit der ungeübten Hand;
- → Prellen des Balles im Wechsel mit der geübten und ungeübten Hand;
- → Prellen des Balles in einer der Positionen: Hocke, Kniestand, Sitz, Bauchlage, dann andere Position versuchen; (Abb. 3)
- → Prellen des Balles mit häufigem Wechsel im Stand, Sitz, in der Kniebeuge, Hocke, Bauchlage;
- → Prellen des Balles, wobei die Hand abwechselnd tief bis Kniehöhe wandert und dann wieder hoch bis Hüfthöhe; (Abb. 4)
- → Prellen des Balles um den eigenen Körper, links und rechts herum; (Abb. 5)
- → Prellen des Balles in einer Achterbewegung durch die gegrätschten Beine, dabei nach Bedarf auch die Hand wechseln; (Abb. 6)
- → Prellen des Balles am Ort, schnell eine ganze Drehung ausführen und anschließend weiter prellen. (Abb. 7)

3 Sportunterricht in der Grundschule

Ziele – Bildungs- und Erziehungsprozess – Hemmnisse/Angst

Ziele und Aufgaben des Faches Sport[1]

Der Sportunterricht leistet einen eigenständigen und unverzichtbaren Beitrag zur Bewegungs- und Gesundheitserziehung. Ausgehend von den erreichten individuellen Lernständen der Kinder zum Schulanfang vermittelt der Sportunterricht in der Grundschule den Schülern eine grundlegende motorische, sportliche und soziale Handlungsfähigkeit und fördert das Interesse an Bewegung. Gesundheitserziehung im Schulsport schließt physische Belastung – besonders bei der Schulung von Ausdauer und Kraft – ebenso wie psychische Entlastung und soziales Wohlbefinden ein.

Gestaltung des Bildungs- und Erziehungsprozesses[2]

- Grundschulkinder wollen in der Regel etwas leisten. Insofern ist eine leistungsorientierte auch eine kindorientierte Grundschule.
- In der Verantwortung der Lehrenden liegt es, die Lerntätigkeit so zu steuern, dass das Kind zur aktiven Auseinandersetzung mit dem Lerninhalt angeregt wird.
- Das breite Leistungsspektrum der Grundschüler bedingt einen differenzierten und individualisierten Unterricht. Im Vordergrund steht die innere Differenzierung, die den individuellen Lernvoraussetzungen und Leistungsständen sowie den unterschiedlichen Zugangsweisen zum Lernstoff und dem unterschiedlichen Lerntempo gerecht wird.
- Das erfordert vom Lehrer diagnostische Fähigkeiten und eine sorgfältige Analyse. Die darauf aufbauenden Lernschritte sollen weniger am Defizit als vielmehr am individuellen Lernfortschritt orientiert sein.

Grundsätzlich kann man davon ausgehen, dass Schüler im Grundschulalter gerne Sport treiben und leicht zum Mitmachen zu veranlassen sind. Erfahrungsgemäß weiß man aber auch, dass dies nicht bei allen Schülern und manchen Bewegungsangeboten der Fall ist. Die Probleme, die sich hier ergeben, können im „Nicht-Können“ oder im „Nicht-Wollen“ liegen.[3]

Anforderungen im Sportunterricht

Art und Höhe der Anforderungen im Sportunterricht werden in den Lehrplänen nur grob beschrieben. Es stellt sich immer die Frage nach der Zumutbarkeit der Anforderungen unter Berücksichtigung des jeweiligen Schülers.

Letztlich bleibt es immer der Erfahrung und dem „Fingerspitzengefühl“ des Sportlehrers überlassen. Er hat Kenntnis über die Leistungsfähigkeit der Schüler und muss die Zumutbarkeit der Aufgabe/Belastung im Einzelfall immer überprüfen.

Unterschiede im Sportunterricht

Wie überall bestehen auch im Sportunterricht erhebliche Unterschiede in der Leistungsfähigkeit der Schüler. Vielleicht sind sie hier sogar größer als in anderen Fächern, auf jeden Fall sind sie im Sportunterricht schneller sichtbar. Körperliche und motorische Defizite dürfen aber nicht dazu führen, dass sich der Schüler vor allen ihm unbequemen Anforderungen „drückt“, denn es sind ja gerade diese Schüler, die es am nötigsten haben, um neue Bewegungserfahrungen zu machen sowie ihre konditionellen und koordinativen Fähigkeiten zu verbessern.

---

[1] Sächsisches Staatsministerium für Kultus: Lehrplan Grundschule – Sport – S. 2

[2] Sächsisches Staatsministerium für Kultus: Lehrplan Grundschule – Sport – S. 8

[3] Söll, W.: SPORTunterricht – sportUNTERRICHTEN, S. 55

3 Sportunterricht in der Grundschule

Hemmnisse: wenig Bewegungserfahrungen – koordinative/konditionelle Defizite

Mangelnde Bewegungserfahrungen und Hemmnisse infolge körperlicher (z. B. erhebliches Übergewicht) oder motorischer, d. h. koordinativer und/oder konditioneller Defizite sind zunächst mit differenzierenden Maßnahmen aufzufangen. Die Erfahrung zeigt aber, dass dies nicht immer oder mit einem unverhältnismäßig hohen unterrichtlichen Aufwand möglich ist.

Beispiele:

- → Schulen der Arm- und Schulterkraft (sein eigenes Körpergewicht abstützen können): Aus dem Stand Sprung in den Stütz am schulterhohen Reck. Die Höhe der Reckstange so einstellen, dass der Schüler es „schaffen“ kann.
- → Königsball: Wurfschwächere Schüler stehen vorn auf der Bank und haben dadurch einen geringeren Abstand zum „König“ und können so ohne Probleme mitspielen.
- → Ballwurf gegen die Wand mit anschließendem Fangen im Grätschsitz oder Stand auf einem Kleinen Kasten: Wurfschwächere Schüler werfen mit geringerem Abstand zur Wand.

Angst

Auch wenn Angst eine Rolle spielt, muss es zunächst darum gehen, dem Schüler zu ermöglichen, dieselbe oder eine vergleichbare Situation unter möglichst angstfreien Bedingungen zu bewältigen – hier ist die Fachkompetenz des Sportlehrers besonders gefragt.

Beispiele:

- → Bei der Grätsche über den Bock das Gerät niedriger einstellen und/oder Hilfeleistung durch den Sportlehrer anbieten.
- → Dem Schüler wird beim Balancieren über eine Reihe von Markierungskegeln zur Unterstützung und Absicherung die Hand gereicht.
- → Im Kniestand zu dritt oder zu viert hintereinander auf der Matte, jeder erfasst links und rechts beide Mattenkanten: Zunächst gemeinsam den Oberkörper nach rechts beugen. Nun zur anderen Seite schaukeln und den Oberkörper nach links beugen, sodass ein „Bob“ entsteht, mit dem man sich gemeinsam in die Kurve legen kann. Der ängstliche Schüler wird dabei in die Mitte genommen.

KOHL VERLAG Differenzierung im Sportunterricht / Grundschule – Bestell-Nr. 13 019

3 Sportunterricht in der Grundschule

Lernen und Üben des Kopfsprungs ins Wasser

Differenzierung durch erleichterte Bedingungen

Ein Kopfsprung ins Wasser lässt sich auch vom Beckenrand oder von einer Treppe anstatt vom 1 m-Sprungbrett ausführen.

Sollte ein Schüler noch nicht in der Lage sein, mit dem Kopf voran einzutauchen, muss zunächst einmal mit dem Sitzkipper oder dem Kipper mit Unterstützung und aus dem Hockstand begonnen werden.

Kipper ...

1. im Sitzen

2. mit Unterstützung

3. aus dem Hockstand

4. beinahe aus dem Stand

Diese Beispiele machen deutlich, dass überall da, wo Geräte von unterschiedlicher Höhe/ Breite (Böcke, Kästen), Größe (Bälle) und Gewicht (Bälle, Kugeln) und Übungen mit unterschiedlichen Schwierigkeitsstufen angeboten werden können, dieses zum Wohle des jeweiligen Schülers vom Sportlehrer zu ermöglichen ist.

Fachkompetenz, Jahrgangsklassen und Differenzierung im Sportunterricht

Pädagogisches Ziel – reale Gegebenheiten – höhere und geringere Anforderungen

Pädagogisches Ziel im Sportunterricht der Grundschule muss es sein, ein gemeinsames Lernen und Üben von Kindern mit unterschiedlichen Voraussetzungen zu ermöglichen und dabei die persönlichen Vorerfahrungen, Fähigkeiten und Fertigkeiten zu berücksichtigen. Die Sportlehrkraft muss das Lernen und Üben als individuellen Prozess betrachten und die individuellen Voraussetzungen der Jungen und Mädchen in der Unterrichtsplanung berücksichtigen. Schülerinnen und Schüler lernen besser, wenn sie im Sportunterricht Aufgaben und/oder methodische Zugänge wählen können, die ihren Fähigkeiten, Vorerfahrungen und Möglichkeiten entsprechen.

Die Differenzierung lässt sich immer nur im Rahmen der materiellen, personellen und organisatorischen Möglichkeiten der jeweiligen Schule durchführen.

Differenzierungsentscheidungen – gleich welcher Art – können stets nur auf der Grundlage der realen Gegebenheiten vor Ort getroffen werden.

Damit sind die jeweilige Sporthalle und ihre Ausstattung mit Hand-, Klein- und Großgeräten, die sportunterrichtende Lehrkraft (Fachlehrkraft und/oder fachfremd unterrichtende Lehrkraft) sowie die damit in Wechselwirkung stehende Organisation der differenzierenden Maßnahmen gemeint. Da die Unterschiede von Schule zu Schule oft sehr groß sind, können Differenzierungsmaßnahmen – gleich welcher Art – stets nur auf der Grundlage der Gegebenheiten vor Ort getroffen werden.

4.1 Fachkompetenz

Schulsportarten – Sachkenntnis – methodisch/organisatorische Maßnahmen

Die äußere Struktur des Sportunterrichts als eines Schulfaches ergibt sich aus der Summation relativ eigenständiger Teilgebiete, der sogenannten Schulsportarten, ein Tatbestand, der in den anderen Fächern längst nicht in diesem Ausmaß zu verzeichnen ist, zumindest jedoch nicht so sehr zum Bewusstsein kommt.[1]

Zu den Besonderheiten des Faches Sport gehört auch die weit verzweigte Verknüpfung mit dem außerschulischen Sport. Ein großer Teil der Jungen und Mädchen betätigt sich in ihrer Freizeit sportlich und verfügt häufig über gute Sachkenntnisse in bestimmten Sportarten. Außerdem übertreffen manche Schüler in den sportlichen Leistungen ihre Sportlehrer, eine Tatsache, die in anderen Fächern nur selten auftritt.

Deshalb ist es so wichtig: Je mehr der Sportlehrer von „Motorik, Bewegung, Spiel und Spaß" in seiner Gesamtheit versteht, sich also im Fach Sport insgesamt auskennt, je größer seine Fachkompetenz ist, desto mehr wird er auch von den Schülern „gehört", verstanden und akzeptiert. Nur so wird es ihm gelingen, geeignete methodische bzw. organisatorische Maßnahmen auszuwählen und anzuwenden, um allen Schülern gerecht zu werden. Zweifellos ist ein Sportlehrer umso erfolgreicher, je mehr er von seinem Fachgebiet „versteht". Eine breite Ausbildung in allen Schulsportarten mit Kenntnis über „methodische Übungsreihen", Übungsprogramme zur Schulung und Verbesserung koordinativer und konditioneller Fähigkeiten, Einsatz von Gerät- und personellen Hilfen, ist sicher von Vorteil, weil der Sachverstand des Sportlehrers bei der Gestaltung differenzierender Maßnahmen im Sportunterricht eine wichtige Voraussetzung darstellt.

[1] Söll, W.: Differenzierung im Sportunterricht, S. 41

KOHL VERLAG Differenzierung im Sportunterricht / Grundschule – Bestell-Nr. 13 019

4 Fachkompetenz, Jahrgangsklassen und Differenzierung im Sportunterricht

Hinweis: Die Frankfurter Bildungsforscherin Mareike Kunter ist dem Geheimnis guter Pädagogen seit vielen Jahren auf der Spur. Für das Max-Planck-Institut für Bildungsforschung untersuchte sie, welche Lehrerkompetenzen sich im Fach Mathe positiv auf die Unterrichtsqualität auswirken. Entscheidend, so das Ergebnis der Studie, sei das **fachdidaktische, also lehrmethodische Wissen**. Je mehr eine Lehrkraft darüber weiß, wie Fachinhalte verfügbar gemacht werden können, desto herausfordernder erleben Schüler den Unterricht.[2]

4.2 Jahrgangsklassen und Differenzierung

Altersstreuung – heterogenes Gebilde – Unterschiede

Typisch ist für unser Schulsystem, dass die Schüler zum Schulbeginn in sog. Jahrgangsklassen zusammengefasst werden.

- Jahrgangsklassen sind zufallsbedingt zusammengesetzt und recht heterogene Gebilde.
- Jahrgangsklassen weisen in der Regel eine starke Altersstreuung auf, die sich mit großer Regelmäßigkeit über mehrere Geburtsjahrgänge erstreckt, z. B.
  - „ zeitgemäß eingeschulte Kinder";
  - „zurückgestellte Kinder" = Kinder, die 1 Jahr später eingeschult worden sind;
  - Kinder, die ein Schuljahr wiederholen;
  - Kinder, die aufgrund ihres Entwicklungsstandes und ihrer Leistungsfähigkeit früher eingeschult worden sind usw.

Die Leistungsunterschiede innerhalb einer normalen Jahrgangsklasse sind im Sport keineswegs größer als in anderen Fächern, sie treten lediglich deutlicher und unmittelbarer in Erscheinung, weil eben sofort sichtbar wird, wenn jemand weniger weit springt/wirft oder beim Spiel immer abgeworfen/schnell abgeschlagen wird.
Im Sportunterricht spielt aber nicht nur die motorische Lernfähigkeit der Schüler, sondern auch die physische Belastungsfähigkeit eine große Rolle. Es kann also sein, dass im Gegensatz zu anderen Fächern hier ein doppeltes Leistungsgefälle innerhalb einer Klasse vorkommt. Der Unterricht, ganz gleich in welchem Fach, orientiert sich meistens an einem „angenommenen" Durchschnitt, d. h. schwächere Schüler werden häufig über- und leistungsstärkere Schüler oft unterfordert.

Im Sportunterricht geht der Sportlehrer aufgrund seiner Erfahrung meistens von einer Übung aus, die seiner Meinung nach als Einstiegsübung für einen großen Teil der Schüler ausführ- und machbar ist. Diese Übung wird in der Regel von einer großen Anzahl der Schüler in der Grobform in unterschiedlichen Qualitäten ausgeführt. Je nach Situation schließen sich daran dann differenzierende Maßnahmen an.

Die häufig bemängelte geringe Effektivität und Intensität des ganz normalen Unterrichts und auch des Sportunterrichts ist zu einem großen Teil der beschriebenen Heterogenität der „Jahrgangsklasse" zuzuschreiben. Umso wichtiger sind Überlegungen und natürlich die praktische Umsetzung von differenzierenden Maßnahmen. Das gilt insbesondere auch für den Sportunterricht.

[2] „Klasse Lehrer" – Was Lehrer heute wirklich leisten müssen – Focus 41/11 vom 10. Oktober 2011

4 Fachkompetenz, Jahrgangsklassen und Differenzierung im Sportunterricht

Eine heterogene Klassengemeinschaft braucht einen Sportunterricht, der die Vielfalt als Herausforderung und nicht als Hindernis begreift.
Siehe die Beispiele Liegestütz und Hockwende.

Die ausgewählte Übung wird im Verlauf der Sportstunde zwar weiter „im Blick behalten", aber einerseits unter erleichterten bzw. andererseits unter erschwerten Bedingungen angeboten, so dass jeder Schüler aktiv mitmachen kann und so zu seinem Recht kommt.

Liegestütz vorlings am Boden

Differenzierung durch Veränderung der Kernübung

Liegestütz vorlings mit Anheben eines Beines – Beugen und Strecken der Arme

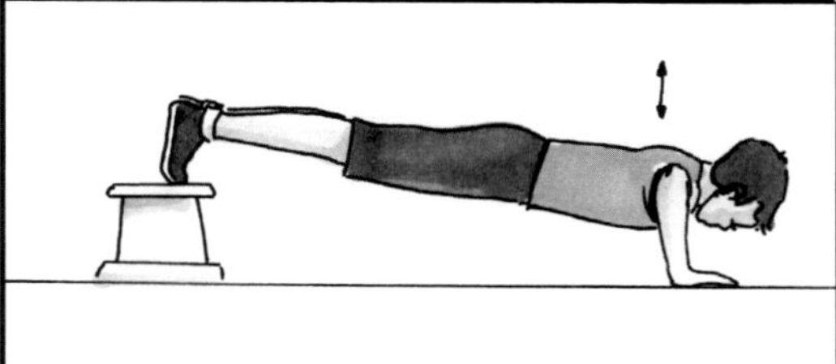

Liegestütz vorlings, die Füße befinden sich dabei auf der Bank – Beugen und Strecken der Arme

höhere Anforderungen

Ausgangsübung →

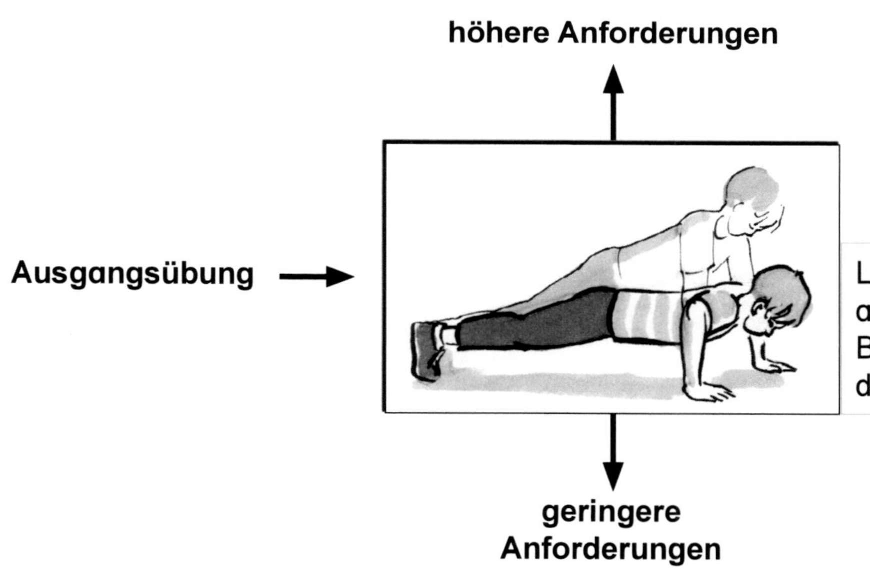

Liegestütz vorlings am Boden – Beugen und Strecken der Arme

geringere Anforderungen

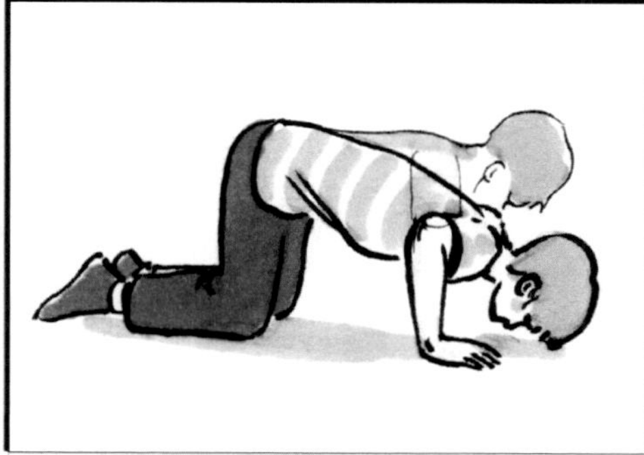

Liegestütz in der Bankstellung – Beugen und Strecken der Arme

Liegestütz mit Stütz der Hände auf der Turnbank – Beugen und Strecken der Arme

4 Fachkompetenz, Jahrgangsklassen und Differenzierung im Sportunterricht

Ausgangspunkt der Überlegungen ist die Hockwende in der Fortbewegung an einer Turnbank – mit und ohne Zwischenhüpfer. Je nach Ausführung und Beobachtung durch die Schüler stellt der Sportlehrer nun weitere Aufgaben, die zum Teil anspruchsvoller sind, aber manchmal auch unterhalb der Ausgangsübung liegen. Wichtig ist, dass die individuelle Lernentwicklung des jeweiligen Schülers weiter voranschreitet.

Üben der Hockwende

Differenzierung durch erleichterte bzw. erschwerte Bedingungen

Hockwenden in der Fortbewegung – an der ansteigenden Turnbank

Hockwenden in der Fortbewegung – an der eingehängten Turnbank

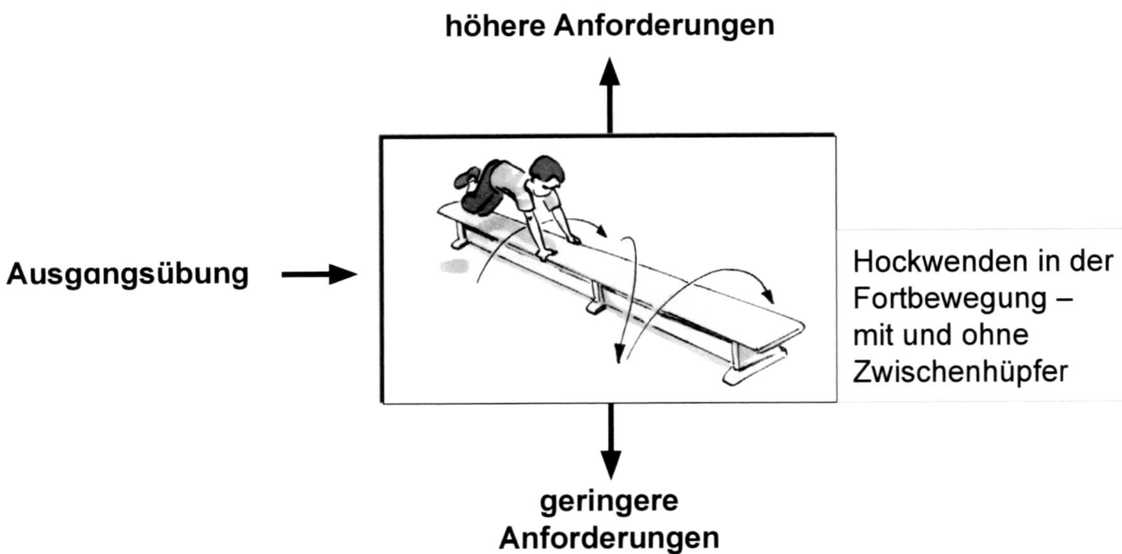

Hockwenden in der Fortbewegung – mit und ohne Zwischenhüpfer

Hockwenden im Hockstütz über eine Linie hin und her

Hockwenden am festen Ort über die Turnbank hin und her – mit und ohne Zwischenhüpfer

Unterrichtsprinzip Differenzierung

Begriff – Begründung – Ziele

Der Begriff der Differenzierung umfasst alle organisatorischen und methodischen Bemühungen, die darauf abzielen, den individuellen Begabungen, Fähigkeiten, Neigungen und Interessen einzelner Schüler oder Schülergruppen innerhalb einer Schule oder Klasse gerecht zu werden.[1]

Unter einer differenzierten Gestaltung des Unterrichts verstehen wir, dass ein im Prinzip einheitlicher Lern- und Übungsprozess durch methodische und organisatorische Varianten für einzelne Schüler oder Gruppen angereichert wird.[2]

5.1 Notwendigkeit und Begründung

Die Notwendigkeit von Differenzierungsmaßnahmen ist begründet durch die Aussagen und Zielsetzungen unseres Schulsystems, jedem Schüler die größtmögliche Förderung zukommen zu lassen, die länderübergreifend in den Kerncurricula/Lehrplänen der Bundesländer zum Ausdruck gebracht werden, z. B.:

Sächsisches Staatsministerium für Kultus – Lehrplan Grundschule – Sport – S. 8

Gestaltung des Bildungs- und Erziehungsprozesses

Das breite Leistungsspektrum der Grundschüler bedingt einen differenzierten und individualisierten Unterricht. Im Vordergrund steht die innere Differenzierung, die den individuellen Lernvoraussetzungen und Leistungsständen sowie den unterschiedlichen Zugangsweisen zum Lernstoff und dem unterschiedlichen Lerntempo gerecht wird. Das erfordert vom Lehrer diagnostische Fähigkeiten und eine sorgfältige Analyse. Die darauf aufbauenden Lernschritte sollen weniger am Defizit als vielmehr am individuellen Lernfortschritt orientiert sein.

Sportlehrer haben es innerhalb einer Jahrgangsklasse mit einer großen Heterogenität zu tun und müssen den daraus entstehenden Anforderungen gerecht werden. In einer Klasse sind u. a. ...

- Schüler mit Altersunterschieden, d. h. regelkonform eingeschulte Kinder, Wiederholer, zurückgestellte Kinder, Aufrücker/Überspringer etc.;
- Schüler mit körperlichen Beeinträchtigungen wie Übergewicht, koordinativen Störungen, konditionellen Schwächen, Hemmungen, Ängsten;
- Schüler mit geringen Bewegungserfahrungen, d. h. wenig Vorerfahrungen im motorischen Bereich;
- leistungsschwache Schüler mit nur gering entwickelten motorischen Voraussetzungen, d. h. muskulär schwache, kleine, große und schlaksige Kinder und auch zurückgebliebene Kinder;
- leistungsstarke Schüler mit guten motorischen Voraussetzungen und komplexen Bewegungserfahrungen, weil sie sich z. B. im Vereinssport regelmäßig betätigen.

[1] Klafki, Wolfgang/Stöcker, Hermann: Innere Differenzierung des Unterrichts. In: Zeitschrift für Pädagogik, 22. Jg. (1976), 4, S. 497f

[2] Lütgeharm, R.: Turnen & Sport 9/72, Überlegungen zur differenzierten Gestaltung des Sportunterrichts in Schule und Verein

5.2 Differenzierung und pädagogische Ziele

Differenzierung im Sportunterricht der Grundschule ist eine Herausforderung für alle Sportlehrer, da in keinem anderen Fach die Bandbreite unterschiedlicher Voraussetzungen so groß ist und vor allen Dingen auch sofort sichtbar wird wie im Sportunterricht.

Der Sportunterricht muss so gestaltet und organisiert werden, dass in der Regel möglichst viele Schüler „Erfolgserlebnisse“ haben, sodass jeder Schüler das Gefühl bekommt: „Ich habe es geschafft – ich kann das!“. Dadurch steigt ihr Selbstwertgefühl und sie trauen sich etwas zu. Diese Zielsetzung wird nur dann erreicht, wenn der Lern- und Übungsprozess kleinschrittig und differenziert gestaltet/aufgebaut wird.

Durch eine fortwährende Differenzierung ist gewährleistet, dass die Schüler eine ihrem Leistungsniveau entsprechende Aufgabe erhalten und auch ausführen können. Mit und durch Differenzierungsmaßnahmen wird die Effektivität und der Wirkungsgrad des Unterrichts erhöht. Pädagogisches Ziel im Sportunterricht muss es sein, ein gemeinsames Lernen und Üben von Schülern mit unterschiedlichen Voraussetzungen zu ermöglichen und dabei den individuellen Voraussetzungen, Vorerfahrungen, Fähigkeiten und Fertigkeiten gerecht zu werden.

Schulen koordinativer Fähigkeiten

Beispiel: Werfen und Fangen des Balles – fortlaufende Differenzierung

Jeder Schüler erhält einen Gymnastikball und sucht sich damit einen freien Platz in der Halle. Der Sportlehrer oder ein Mitschüler macht die erste Übung vor. Alle Schüler versuchen nun diese Übung auszuführen. Der Sportlehrer gibt manchen Schülern evtl. unterstützende Hinweise.

Anschließend erfolgt die Demonstration der zweiten Übung: Ball gegen die Wand. Auch hier folgt danach die Übungsphase. So werden den Schülern Schritt für Schritt vier Übungen gezeigt. Sie haben danach immer ausreichend Zeit zum Versuchen und Probieren. Im weiteren Verlauf der Stunde haben die Schüler die freie Wahl, welche Übungen sie ausführen und koordinativ verbessern möchten.

Tipp: Auch innerhalb jeder Übung gibt es erhöhte (differenzierende) Angebote, siehe Unterpunkt „Zu einfach?“.

1. Im Stand:

Den Ball unter dem angehobenen Bein nach oben werfen, danach das Bein schnell absetzen und den Ball wieder auffangen.

Zu einfach?

- Wirf den Ball mit der ungeübten Hand nach oben.
- Wirf den Ball höher in die Luft.

2. Stand, Abstand zur Wand ca. 2-3 m:

Wirf den Ball bis Kopfhöhe in die Luft, fange ihn dann auf und wirf ihn dann sofort gegen die Wand und fange den zurückspringenden Ball wieder auf.

Zu einfach?

- Vergrößere den Abstand zur Wand.
- Wirf den Ball über Kopfhöhe in die Luft.

Unterrichtsprinzip Differenzierung

3. Stand auf der Bank, Abstand zur Wand ca. 2-3 m:

Wirf den Ball so gegen die Wand, dass er zu dir zurückkommt und du ihn fangen kannst.

Zu einfach?

- Klatsche vor dem Fangen einmal in die Hände.
- Vergrößere den Abstand zur Wand

4. Stand, Abstand zur Wand ca. 3-4 m:

Wirf den Ball so gegen die Wand, dass er anschließend in dem davor liegenden Reifen landet.

Zu einfach?

- Vergrößere den Abstand zur Wand.
- Versuche den zurückspringenden Ball zu fangen.

Mit den vielfältigen Möglichkeiten von Differenzierungsmaßnahmen wird eine weitgehende Anpassung des Sportunterrichts an die Fähigkeiten und Interessen der Schüler angestrebt, um jeden Schüler optimal zu fördern und die Effektivität des Unterrichts zu erhöhen. Man spricht in diesem Zusammenhang auch von einem „adaptiven Sportunterricht“.[3]

Differenzierung bezeichnet die Ausrichtung der unterrichtlichen Maßnahmen auf die unterschiedliche Leistungsfähigkeit der Schüler. Diese Definition besagt bereits zweierlei, nämlich dass …

- der Grund für die Differenzierung stets in irgendwelchen „Differenzen“ in der Leistung oder Leistungsfähigkeit der Schüler liegt;
- die Mittel der Differenzierung aus der situationsgerechten Anwendung aller unterrichtlichen (didaktischen, methodischen, organisatorischen, psychologischen usw.) Maßnahmen bestehen.[4]

Durch eine klare Differenzierung wird jeder Schüler entsprechend seiner Voraussetzungen/Möglichkeiten angesprochen und gefordert. Daraus ergeben sich die positiven Punkte wie Erfolgserlebnisse, Freude an der sportlichen Betätigung, Einsatzbereitschaft, Leistungswille usw.

Differenzierung ermöglicht eine weitgehende Anpassung des Unterrichts an die Interessen und Fähigkeiten des Schülers mit der Zielsetzung jeden Schüler optimal zu fördern.

Differenzierung zielt grundsätzlich auf die Stärkung der Schüler und ihrer Potenziale ab und ist durch Ermutigung, Empathie und Unterstützung gekennzeichnet.

Differenzierung ist ein zentrales Element eines jeden Unterrichts, das auf eine Förderung von Lernkompetenz und Lernentwicklung abzielt.

[3] Adaptiver Unterricht ist ein Unterrichtsprinzip, das versucht, eine optimale Passung zwischen Schülervoraussetzungen und dem Unterricht und den darin enthaltenen Lernangeboten herzustellen.

[4] Söll, W.: SPORTunterricht – sportUNTERRICHTEN, S. 118

KOHL VERLAG Differenzierung im Sportunterricht / Grundschule – Bestell-Nr. 13 019

5 Unterrichtsprinzip Differenzierung

Beispiel: Lernen und Üben der Rolle vorwärts – fortlaufende Differenzierung

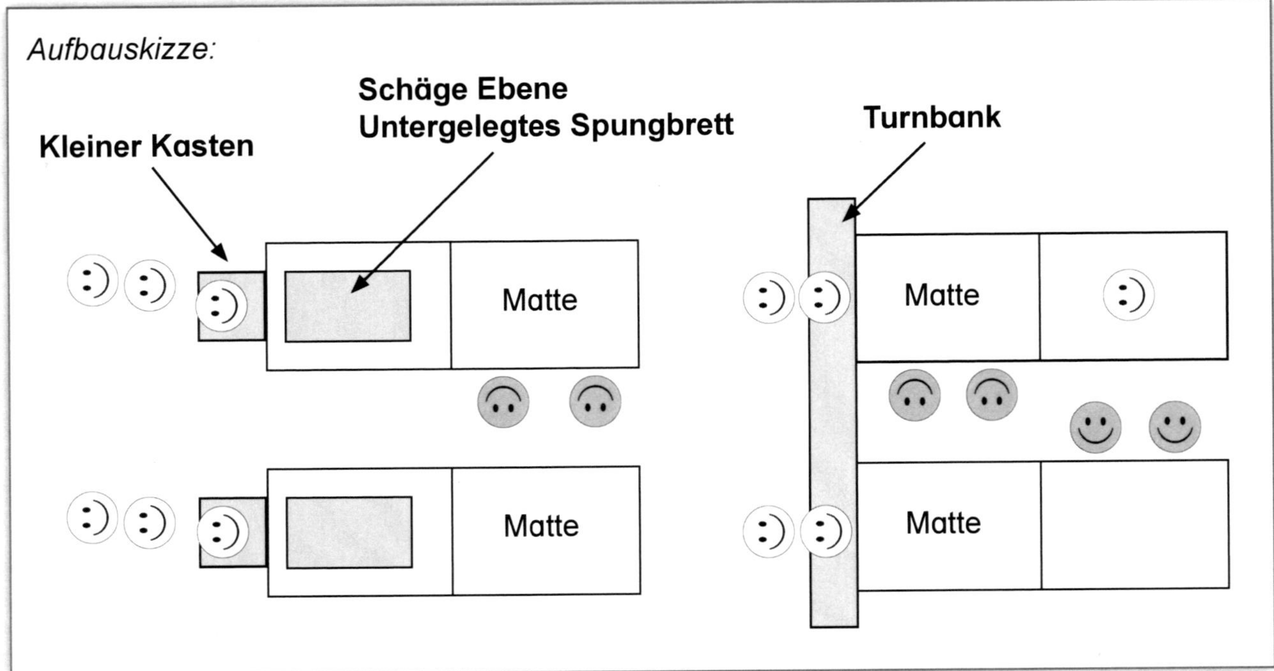

1. Sitz auf der Matte mit Umfassen der Schienbeine:

Mehrmals rhythmisch in Folge vor- und zurückschaukeln.

Hinweise:
Dabei sich klein und ganz rund machen, den Kopf zur Brust nehmen. Es können immer zwei Schüler nebeneinander auf einer Matte turnen. Der Sportlehrer achtet auf eine flüssige und runde Ausführung.

2. Wie bei 1: Sitz auf der Matte mit Umfassen der Schienbeine:

Mehrmals rhythmisch in Folge vor- und zurückschaukeln.

Wer schafft es, beim dritten Vorschwung auf die Füße zu kommen und danach schnell aufzustehen?

Hinweis: Anschließend stellen sich die Schüler an den kleinen Kästen auf.

3. Kniestand oder Hockstand auf dem kleinen Kasten:

die Hände schulterbreit auf die Matte der „schrägen Ebene“ setzen, den Kopf auf die Brust nehmen, sich ganz rund machen und abrollen.

Hinweise: In der letzten Phase der Rollbewegung mit beiden Händen die Unterschenkel umfassen: Dadurch kommt man besser auf die Füße und muss nicht mit den Händen nachfassen. Evtl. muss der Sportlehrer die Rollbewegung und das „Sichrundmachen“ helfend unterstützten.

4. Stand auf dem kleinen Kasten:

Niedersprung vom kleinen Kasten auf die schräge Ebene, sofortige Rolle vorwärts.

Hinweise: Den Schwung des Niedersprungs ausnutzen. Die Hände schulterbreit auf die Matte setzen (Fingerspitzen nach vorn) und den Kopf auf die Brust nehmen.

Differenzierung

Der Sportlehrer beobachtet die Ausführung der Rolle vorwärts genau und wird dann differenzieren: Wenn der Schüler die Rolle vorwärts flüssig ausführt und die Hände nach dem Stütz schnell an die Schienbeine umsetzt („dadurch bleibt man rund und klein“), so dass er ohne Nachfassen der Hände aufstehen kann, kann er die nächste Aufgabe versuchen. Alle anderen Schüler üben zunächst unter 4. an der schrägen Ebene weiter.

5. Stand auf der Bank:

Niedersprung von der Bank, (ohne schräge Ebene) sofortige Rolle vorwärts.

Hinweise: Der Sportlehrer wird sich schwerpunktmäßig der Gruppe an der „schrägen Ebene“ (4.) zuwenden, um evtl. zu helfen und auch diese Schüler an die nächste Aufgabe heranzuführen.

Tipp: Zwischendurch sollten immer einmal korrekte Bewegungsabläufe demonstriert werden, damit sich die Bewegungsvorstellung der Schüler vervollkommnet.

6. Stand auf der Bank:

Niedersprung von der Bank, sofortige Rolle vorwärts. Dann Strecksprung und erneute sofortige Rolle vorwärts.

6 Grundformen der Differenzierung

Leistungs- und Interessendifferenzierung – äußere und innere Differenzierung

Differenzierung in der Schule ist der Inbegriff aller organisatorischen und didaktisch-methodischen Maßnahmen, die eine unterschiedliche Behandlung der Schüler in unterrichtlicher oder erzieherischer Hinsicht bezwecken.[1] Differenzierung ist ein schulorganisatorisch-didaktisches Prinzip, mit dem auf unterschiedliche Lernvoraussetzungen, -prozesse und -ergebnisse der einzelnen Schüler reagiert wird mit dem Ziel der individuellen Förderung.

Durch differenzierende Maßnahmen wird jeder Schüler entsprechend seiner Voraussetzungen/Möglichkeiten angesprochen und gefordert. Der Schüler fühlt sich „beachtet und mitgenommen", hat mehr Freude am „sportlichen Tun", erfährt Erfolgserlebnisse und zeigt mehr Einsatzbereitschaft und Leistungswillen. Der Sportlehrer muss versuchen, den Lernfortschritt eines jeden einzelnen Schülers „ständig im Blick" zu haben, damit entsprechende Tipps, Hinweise und Maßnahmen folgen können.

Der Unterricht in der Grundschule findet im Klassenverband statt, das gilt auch für den Sportunterricht.

Die Eignung möglicher Differenzierungsmaßnahmen muss deshalb immer unter der Berücksichtigung des Sportunterrichts in der Jahrgangsklasse geprüft werden.

Wichtige Hinweise:

- Zum besseren Verständnis werden zunächst die Grundformen der Differenzierung genannt, erläutert sowie in einer Übersicht dargestellt. So erhält der Sportlehrer auf einen Blick umfassende Kenntnisse über die Grundformen der Differenzierung.
- Anschließend werden die Formen äußere und innere Differenzierung mit einem zweiten Schaubild genauer dargestellt und erläutert.
- Im Vergleich der äußeren und inneren Differenzierung wird schon zum Ausdruck gebracht, welche besondere Bedeutung die innere Differenzierung für den Sportunterricht in der Grundschule hat.
- Anschließend wird deutlich gemacht, dass die innere Differenzierung auf didaktischer und methodischer Ebene erfolgt.

In Kap. 7 wird dann weiter ausgeführt:

- Es folgt die Übersicht zur didaktischen Differenzierung mit den entsprechenden Unterpunkten. Hierbei wird deutlich, dass die didaktische Differenzierung teilweise auch in der Grundschule anwendbar ist.
- Es schließt sich die ausführliche Darstellung der methodischen Differenzierung und ihre besondere Bedeutung aufgrund der Wahrung des Klassenverbandes für den Sportunterricht in der Grundschule an.

[1] Glöckel, H.: Vom Unterricht, 2. Auflage, Bad Heilbronn 1992, S. 87

6 Grundformen der Differenzierung

In der sportdidaktischen Literatur wird eine Einteilung der in der Sportpraxis entstandenen Maßnahmen auf zwei Ebenen vorgenommen.

Einmal teilt man die Maßnahmen ein in ...

- solche der Leistungs- und Interessendifferenzierung und
- zum anderen mehr unter organisatorischen Gesichtspunkten in solche der inneren und äußeren Differenzierung.

Grundformen der Differenzierung

Niveau- oder Leistungsdifferenzierung

Unterschiedliche Fähigkeiten und Leistungsvoraussetzungen der Schüler, Kurssysteme

Interessen- oder Wahldifferenzierung

Ausrichtung des Unterrichts auf die unterschiedlichsten Interessen und Neigungen der Schüler

Äußere Differenzierung

Schularten, -zweige, -klassen und Kursgruppen

Innere Differenzierung

Versuch, die Lernprozesse auf das Begabungs- und Leistungsgefälle sowie auf die Interessendivergenzen innerhalb einer Lerngruppe auszurichten (Söll)

6 Grundformen der Differenzierung

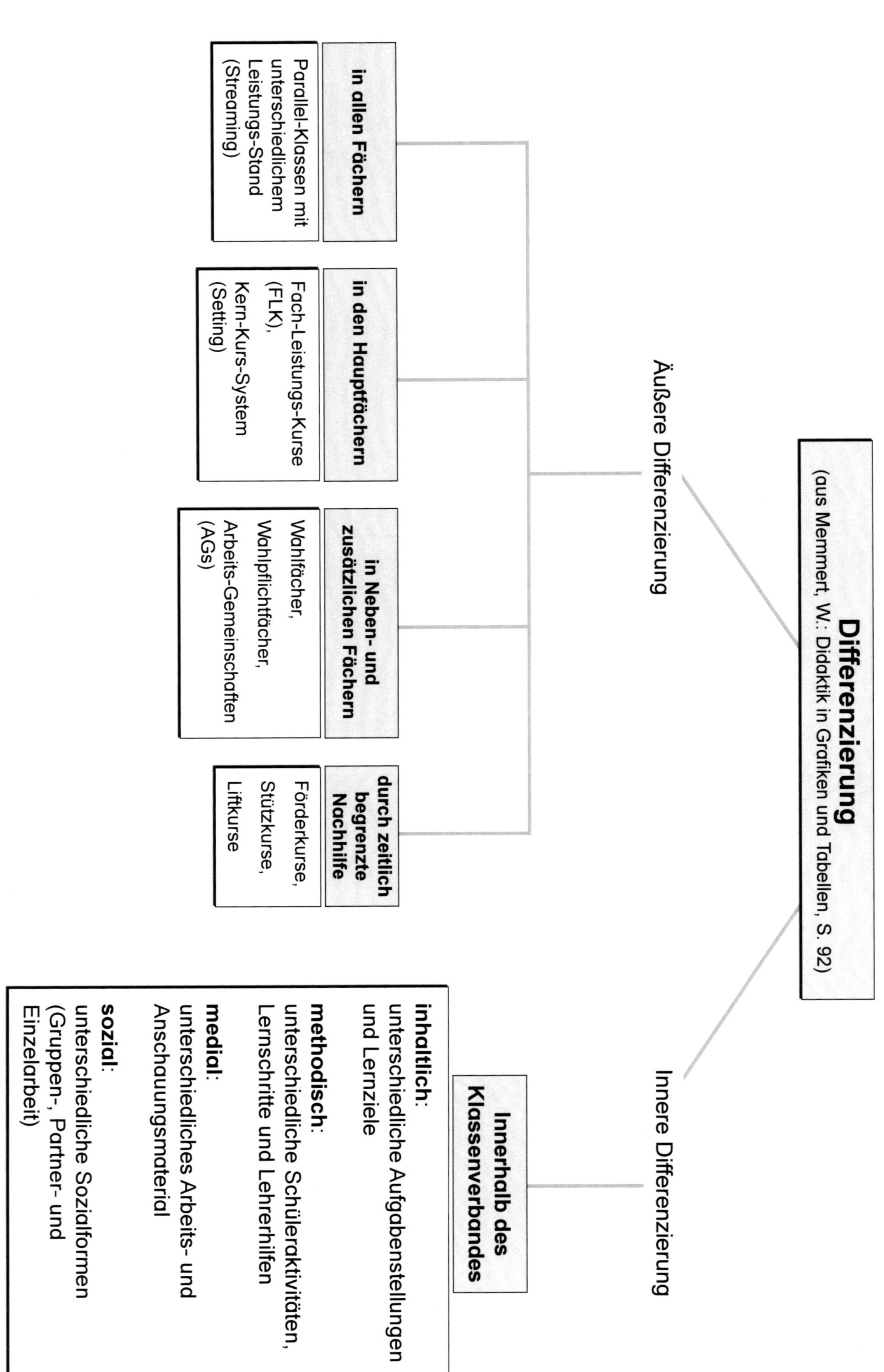

6 Grundformen der Differenzierung

6.1 Äußere Differenzierung (organisatorische Differenzierung)

Bei der äußeren Differenzierung wird der Unterricht unter Auflösung des Klassenverbandes in Kursen oder entsprechenden Gruppen erteilt. Die Einteilung erfolgt nach Interesse oder Leistung.

Die äußere Differenzierung bedingt die Trennung von Schülergruppen auf Zeit oder auf Dauer.

Bei der äußeren Differenzierung werden die Schüler in vermeintlich homogene Gruppen eingeteilt, die über einen längeren Zeitraum bestehen bleiben.

Beispiele hierfür sind die Unterteilung in Schularten (z. B. Hauptschule, Realschule und Gymnasium) sowie in einzelne Kurse und Lerngruppen innerhalb der einzelnen Schulen, z. B. Grund- und Leistungskurs, Fördergruppen und Begabtengruppen).
Fächer wie Religion, Ethik und Sport werden häufig bildungsgangübergreifend unterrichtet.

Man muss wissen, dass es bei der äußeren Differenzierung keine homogenen Gruppen gibt, sondern lediglich das Leistungsgefälle verringert wird, gewisse Unterschiede bleiben aber auch hier bestehen.

Fazit: Die äußere Differenzierung ist nur mit schulorganisatorischen Maßnahmen zu verwirklichen – liegt also nicht in der Hand des jeweiligen Lehrers.

Die äußere Differenzierung ist für den Sportunterricht in der Grundschule nicht geeignet (Sorgfalts- und Aufsichtspflicht)!

6.2 Innere Differenzierung (Binnendifferenzierung)

Bei der inneren Differenzierung wird die heterogene Lerngruppe, z. B. die Jahrgangsklasse in der Grundschule beibehalten und es finden eher kurzzeitig entsprechende Angebote und Gruppierungen statt, die im Verantwortungsbereich des Sportlehrers liegen. Es wird auf eine räumliche Trennung der Schüler einer Klasse verzichtet.

Unter dem Begriff der inneren Differenzierung (Binnendifferenzierung) werden vielfältige Lernarrangements und -methoden dargestellt, um in einer heterogenen Lerngruppe (Jahrgangsklasse) differenzierte Lernwege anzubieten, die auf die eine oder andere Weise jedem Schüler helfen, den für sich optimalen Lernerfolg zu erreichen (vgl. auch Bönsch 2014).

- Ein binnendifferenzierter Sportunterricht versucht den Lernbedürfnissen und -fähigkeiten der Schüler gerecht zu werden.
- Ein binnendifferenzierter Sportunterricht lenkt den Blick von der Vergleichbarkeit der Leistungen mehr und stärker auf die individuelle Lernentwicklung des jeweiligen Schülers hin.
- Die größte Herausforderung für einen binnendifferenzierten Unterricht besteht darin, als Sportlehrer allen Schülern – manchmal sind es 20 Kinder, manchmal aber auch 28 Kinder – gerecht zu werden.

Fazit: Die innere Differenzierung ist mit unterrichtsorganisatorischen und organisationsmethodischen Mitteln zu verwirklichen – liegt also in der Hand des jeweiligen Lehrers.

Die innere Differenzierung ist für den Einsatz in der Grundschule gut geeignet und wird durch die Fachkompetenz des Sportlehrers gestaltet und organisiert.

KOHL VERLAG Differenzierung im Sportunterricht / Grundschule – Bestell-Nr. 13 019

6 Grundformen der Differenzierung

Beispiele zur schnellen Umsetzung der inneren Differenzierung

Kräftigen der Bein-/Sprungmuskulatur: Hüpfen an der Bank

Differenzierung innerhalb einer Aufgabe

Schlusssprünge vor- und seitwärts auf die Sitzfläche der Turnbank

1

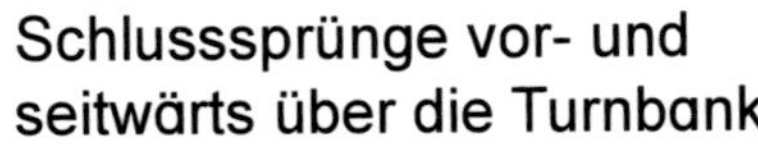

Schlusssprünge vor- und seitwärts über die Turnbank

3

Aus dem Grätschstand über der Bank Sprung auf die Sitzfläche der Bank. Danach wieder in den Grätschstand springen.

2

4

5

Anwenden und Schulen der Grundtätigkeit Balancieren

Differenzierung durch Veränderung der Geräte

1

Auf der Innenkante des senkrecht gehaltenen Reifens langsam vorwärts balancieren, ohne dabei das Gleichgewicht zu verlieren.

Vorsichtig, evtl. mit Handfassung vom kleinen Kasten auf das erste Kastenteil steigen und langsam balancierend über die anderen Kastenteile gehen. Immer nach vorn abgehen – nicht seitlich.

2

Kleinschrittig abwärts über die parallel liegenden Reckstangen balancieren. Die Reckstangen liegen mit den Enden auf einem kleinen Kasten.

3

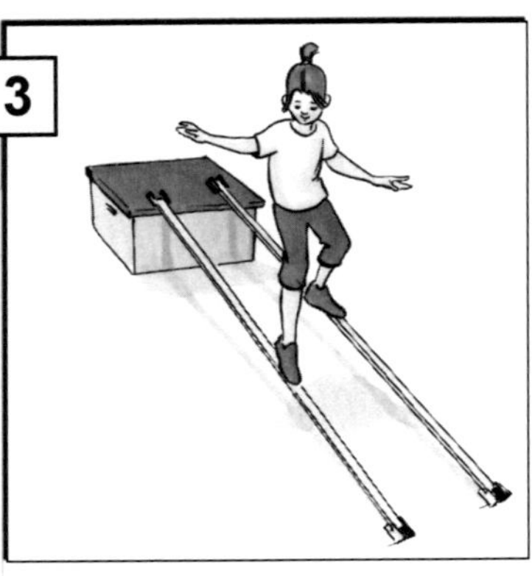

Vom kleinen Kasten auf den Barren steigen, dabei die Füße auf einer Holmseite und die Hände auf der anderen Holmseite platzieren. Sich nun langsam seitwärts stützelnd zur anderen Seite bewegen und am kleinen Kasten absteigen.

4

6 Grundformen der Differenzierung

Kräftigen der Hauptmuskelgruppen – Übungen zu dritt mit Stäben

Differenzierung durch unterschiedliche Aufgaben

Schüler A und B stehen mit einem gehaltenen Stab nebeneinander; Schüler C steht hinter dem hüfthoch gehaltenen Stab und „hängt ein Knie ein“, legt die Hände auf die Schultern von A und B und hüpft so mit A und B zur anderen Seite. Dort erfolgt Rollentausch.

1

2

Schüler A und B halten die Stäbe etwas über Hüfthöhe. Schüler C steht in der Stabgasse, springt vorsichtig in den Stütz und wird so zur anderen Seite getragen. Dort erfolgt Rollentausch.

Schüler A und B stehen hintereinander und halten die Stabenden mit beiden Händen in Hüfthöhe. Schüler C steht in der Stabgasse und hängt sich in den Oberarmhang mit gegrätschten Beinen ein. Er wird so zur anderen Seite getragen. Dort erfolgt Rollentausch.

3

4

Schüler A und B stehen nebeneinander, der Stab wird jeweils mit beiden Händen an einem Ende gefasst und etwas in Hüfthöhe gehalten. Schüler C steigt vorsichtig auf den gehaltenen Stab, legt seine Hände auf die inneren Schultern von Schüler A und B und wird so zur anderen Seite getragen. Dort erfolgt Rollentausch.

Verbessern von konditionellen und koordinativen Fähigkeiten

Differenzierung durch die Anzahl der Wiederholungen

1

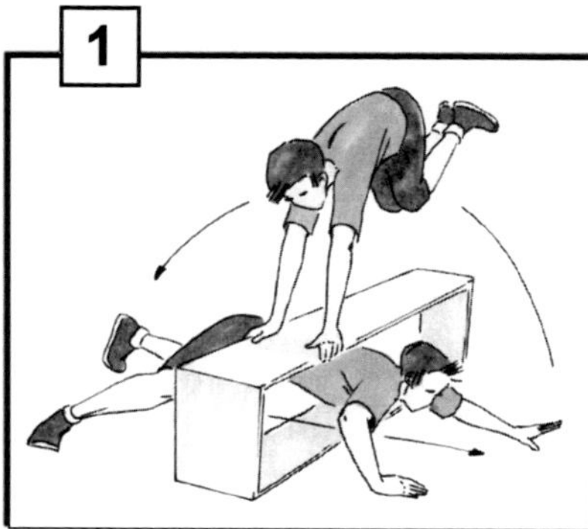

Manche Schüler üben jeweils 5mal, manche üben 10mal, manche wiederholen die Übungen 15mal.

2

3

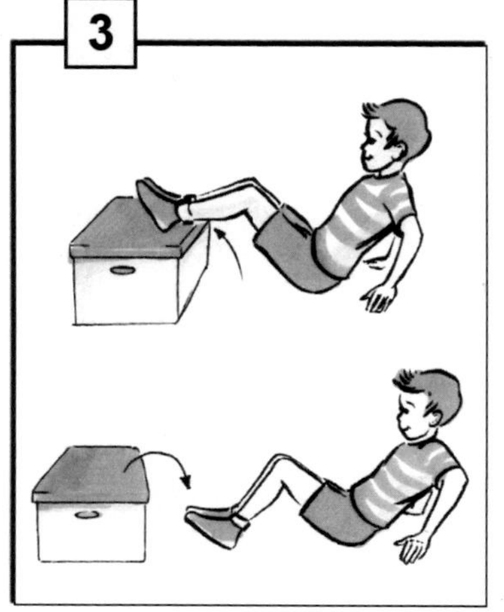

KOHL VERLAG Differenzierung im Sportunterricht / Grundschule – Bestell-Nr. 13 019

6 Grundformen der Differenzierung

Verbessern von konditionellen und koordinativen Fähigkeiten
Differenzierung durch Erhöhen bzw. Verringern der Belastungszeit

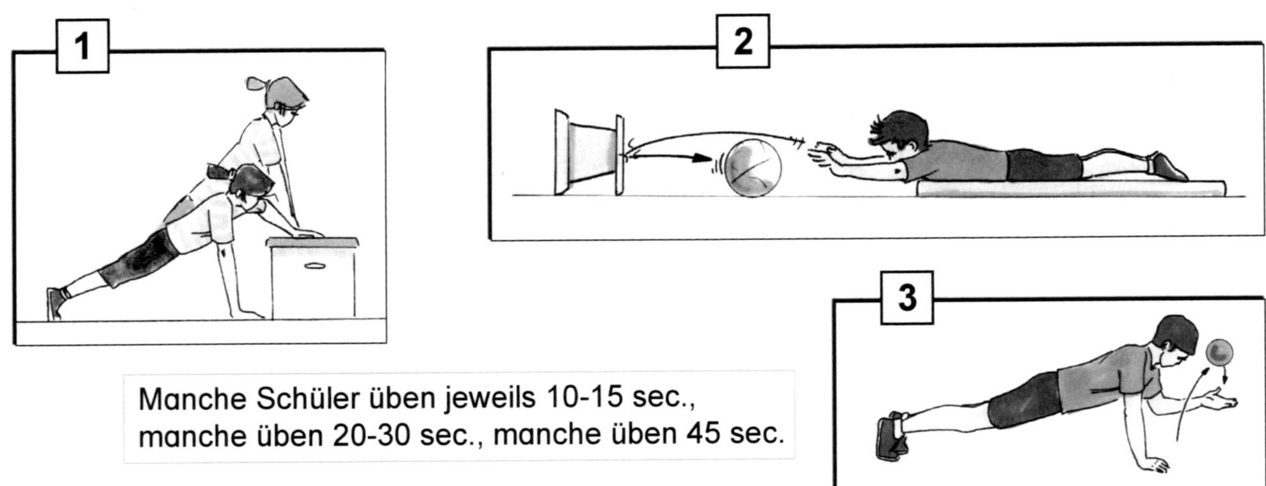

Manche Schüler üben jeweils 10-15 sec., manche üben 20-30 sec., manche üben 45 sec.

Kastenteilstaffel
Differenzierung durch Regelveränderungen bei kleinen Spielen

Es werden zwei gleichstarke Mannschaften gebildet. Die beiden Hälften beider Mannschaften stehen sich an den Ablauflinien gegenüber. Innerhalb der Mannschaft werden Spielerpaare gebildet, die sich nebeneinander aufstellen. Auf Signal des Sportlehrers springen die beiden ersten beiden Schüler jeder Mannschaft in das vor ihnen stehende Kastenteil, heben es mit den Händen an und laufen gemeinsam zur anderen Seite. Wenn sie dort angekommen sind, setzen sie das Kastenteil ab, springen heraus, so dass das nächste Spielerpaar hinein springen kann. (Skizze)
<u>**Hinweise**</u>: Das Kastenteil immer mit den Pfosten nach unten auf den Boden setzen, damit die Schüler mit den Händen auch zufassen können. Beide Schüler müssen sich beim Laufen immer dem Partner etwas anpassen. Es hat sich bewährt, dass die Schüler nebeneinander laufen.
Es gewinnt die Mannschaft, deren letztes Läuferpaar als erste die Ablauflinie erreicht hat.

Mögliche Veränderungen – Differenzierungen

- Leistungsstarke Paare müssen in der Mitte der Laufstrecke ihr Kastenteil absetzen und ihre Positionen wechseln, dann das Kastenteil wieder aufnehmen und weiterlaufen. Alle anderen Paare nehmen den direkten Weg.
- Manche Paare müssen die eigene Mannschaft zuerst umlaufen und danach das Kastenteil vorn absetzen.

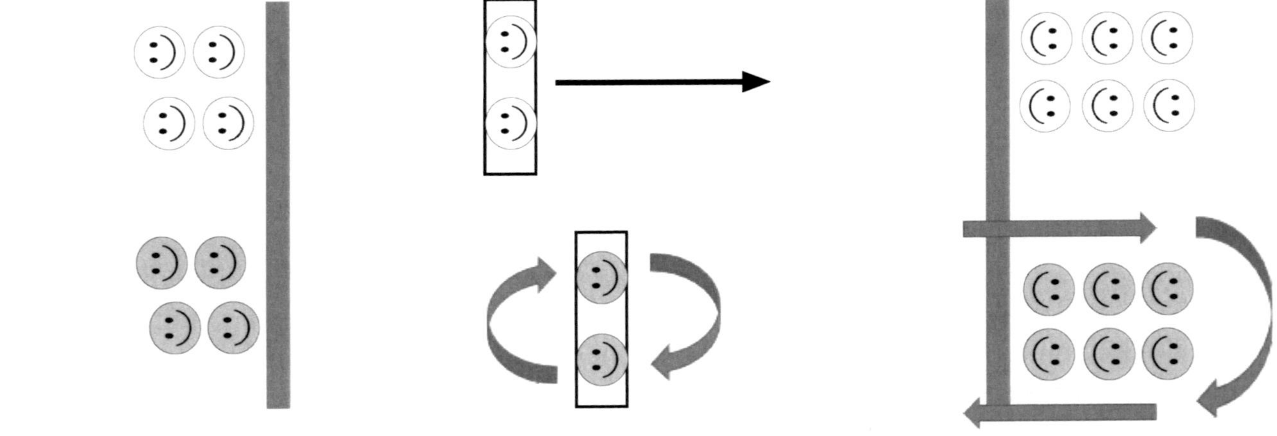

7 Die Ebenen der inneren Differenzierung

Didaktische und methodische Differenzierung

Die innere Differenzierung kann sich auf zwei Ebenen vollziehen (nach Söll):

Innere Differenzierung

Didaktische Differenzierung

Unter didaktischer Differenzierung sind somit alle Formen und Methoden der Differenzierung zu verstehen, die bestimmend und zum Teil verändernd in die inhaltliche und organisatorische Gestaltung des Klassenunterrichts eingreifen.

Auf dieser Ebene wird der Klassenverband zwar beibehalten, der eigentliche Lern- und Unterrichtsprozess wird aber verlagert auf …

- den einzelnen Schüler, z. B. in Form von freien Lerngelegenheiten (Bewegungsaufgaben und Bewegungslandschaften) oder
- Gruppierungen in Form von Riegen- und Gruppenunterricht.

Diese Verlagerung kann auf Zeit oder Dauer, ganz oder teilweise erfolgen.

(Bei der didaktischen Differenzierung wird die „äußere Differenzierung" auf den Sportunterricht im Klassenverband übertragen.)

Diese Ebene wird als didaktische Differenzierung bezeichnet.

<u>Darstellung am Beispiel:</u>
<u>Üben der Hockwende</u>
(s. nächste Seite)

Methodische Differenzierung

Methodische Differenzierung bezeichnet die differenzierenden Maßnahmen, die bei prinzipieller Wahrung der Einheitlichkeit des Klassenunterrichts anwendbar sind.

Auf dieser Ebene bleibt der Klassenverband (die Jahrgangsklasse) so lange wie möglich erhalten. Von der gemeinsamen Zielsetzung wird nur in zwingenden Fällen und möglichst kurzfristig abgegangen.

Die Differenzierung erfolgt vorwiegend mit methodischen und organisatorischen Mitteln.

Die methodische Differenzierung erfolgt auf einer konvergenten und einer divergenten Ebene.

Diese Ebene wird als methodische Differenzierung bezeichnet.

<u>Darstellung am Beispiel:</u>
<u>Übungen an der Kastenreihe</u>
(s. übernächste Seite)

7 Die Ebenen der inneren Differenzierung

Im Sportunterricht der Grundschule gibt es je nach Thema immer wieder Situationen, in denen nicht alle Schüler alles lernen können oder müssen. Es müssen für die Gruppen der besonders leistungsstarken und der besonders leistungsschwachen Kinder Differenzierungsmaßnahmen zur Verfügung stehen, um dem Anspruch der individuellen Förderung gerecht zu werden.

<u>Beispiel</u>: Üben der Hockwende

Didaktische Differenzierung

Die folgende Einteilung in Gruppen gilt nur in dieser Stunde für die Einübung der Bewegungsfertigkeit Hockwende.

Der Übergang zwischen den Gruppen ist fließend und wird vom Sportlehrer aufgrund von Beobachtungen vorgenommen.

Gruppe A – leistungsschwächere Schüler turnen ...

1. Hockwenden an der ansteigenden Turnbank

Zwischenhüpfer sind bewegungsunterstützend – die Hände greifen jedesmal etwas weiter nach oben.

Wer schafft es bis nach ganz oben?

2. Hockwenden an der eingehängten Turnbank

Stand neben der Bank und kurzes auftaktartiges Hüpfen mit anschließender Hockwende über die eingehängte Bank. Erneut kurzer Zwischenhüpfer und Hockwende zurück zum Ausgangspunkt usw.

Gruppe B – leistungsstärkere Schüler turnen ...

1. Hockwenden am Stützbarren

Stand auf dem kleinen Kasten in der Holmengasse, beide Hände fassen die Holme rechts und links: dann leichtes Hüpfen auf der Stelle und Hockwende nach links über den Holm mit Landung auf der Matte. Anfangs unterstützt der Sportlehrer die Bewegung durch Schubhilfe. Später auch ohne Hilfe ausführen lassen.

2. Hockwende am Stufenbarren

Aus dem Seitstand auf dem niedrigen Holm mit Zwiegriff Hockwende über den hohen Holm in den Außenquerstand seitlings.

7 Die Ebenen der inneren Differenzierung

Beispiel: Übungen an der Kastenreihe
Methodische Differenzierung

Der Klassenverband bleibt bei allen Übungen bestehen – es wird im Strom an einer Kastenreihe oder an zwei parallel stehenden Kastenreihen geübt. Sollten einige Schüler die 5. Übung nicht schaffen, führen sie weiter die 4. Übung aus.

Mehrere kleine Kästen werden in Reihe mit kleinen Zwischenräumen aufgestellt. Die Abstände zwischen den kleinen Kästen werden so gewählt, dass die Schüler von Kasten zu Kasten hüpfen können. Jede Übung wird 2-3mal ausgeführt.

1. Übung: Slalomlauf um die kleinen Kästen und außen zurück zum Ausgangspunkt.

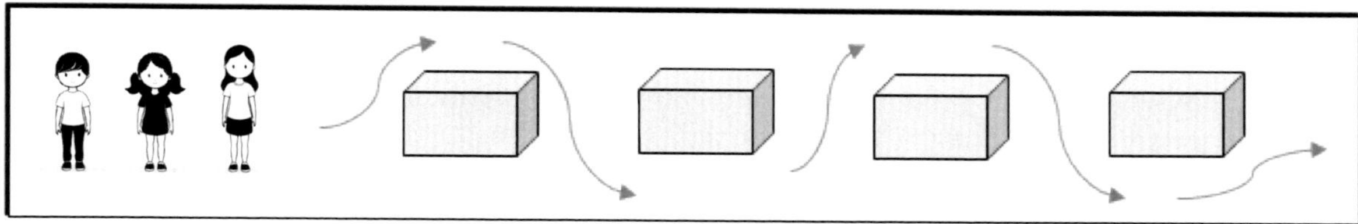

2. Übung: Schrittsprünge von Kasten zu Kasten, die Zwischenräume sollten hierbei nicht betreten werden. Außen herum zum Ausganspunkt zurücklaufen.

3. Übung: Schlusssprünge abwechselnd auf die kleinen Kästen und in die Zwischenräume – kleine Zwischenhüpfer sind bewegungsunterstützend.

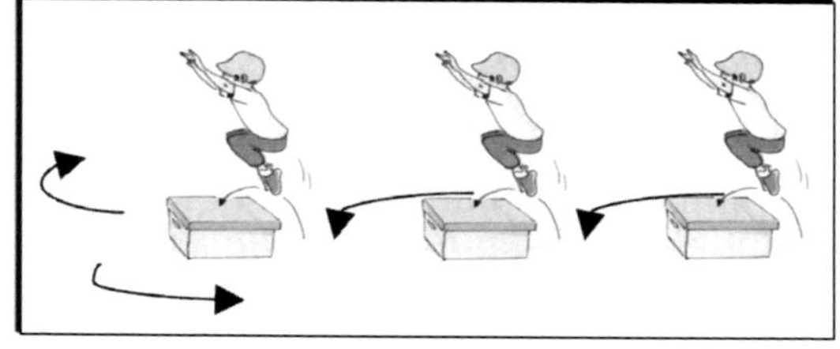

4. Übung: Kurzer Anlauf, Absprung mit beiden Füßen, Vorbeugen und Vorfassen der Hände auf das entfernte Ende des kleinen Kastens und Übergrätschen, Landung auf beiden Füßen im Zwischenraum. Kurzer Zwischenhüpfer und erneutes Übergrätschen des nächsten kleinen Kastens.

5. Übung: Wie bei 4. Übung, jedoch jetzt möglichst ohne die Zwischenhüpfer, nach der Landung sofort über nächsten Kasten grätschen.

KOHL VERLAG Differenzierung im Sportunterricht / Grundschule – Bestell-Nr. 13 019

8 Formen der didaktischen Differenzierung

Einzellernen – Gruppenlernen

Im Folgenden werden die Formen der didaktischen Differenzierung kurz erläutert, ihre Anwendbarkeit im Sportunterricht der Grundschule geprüft und mit Beispielen veranschaulicht.

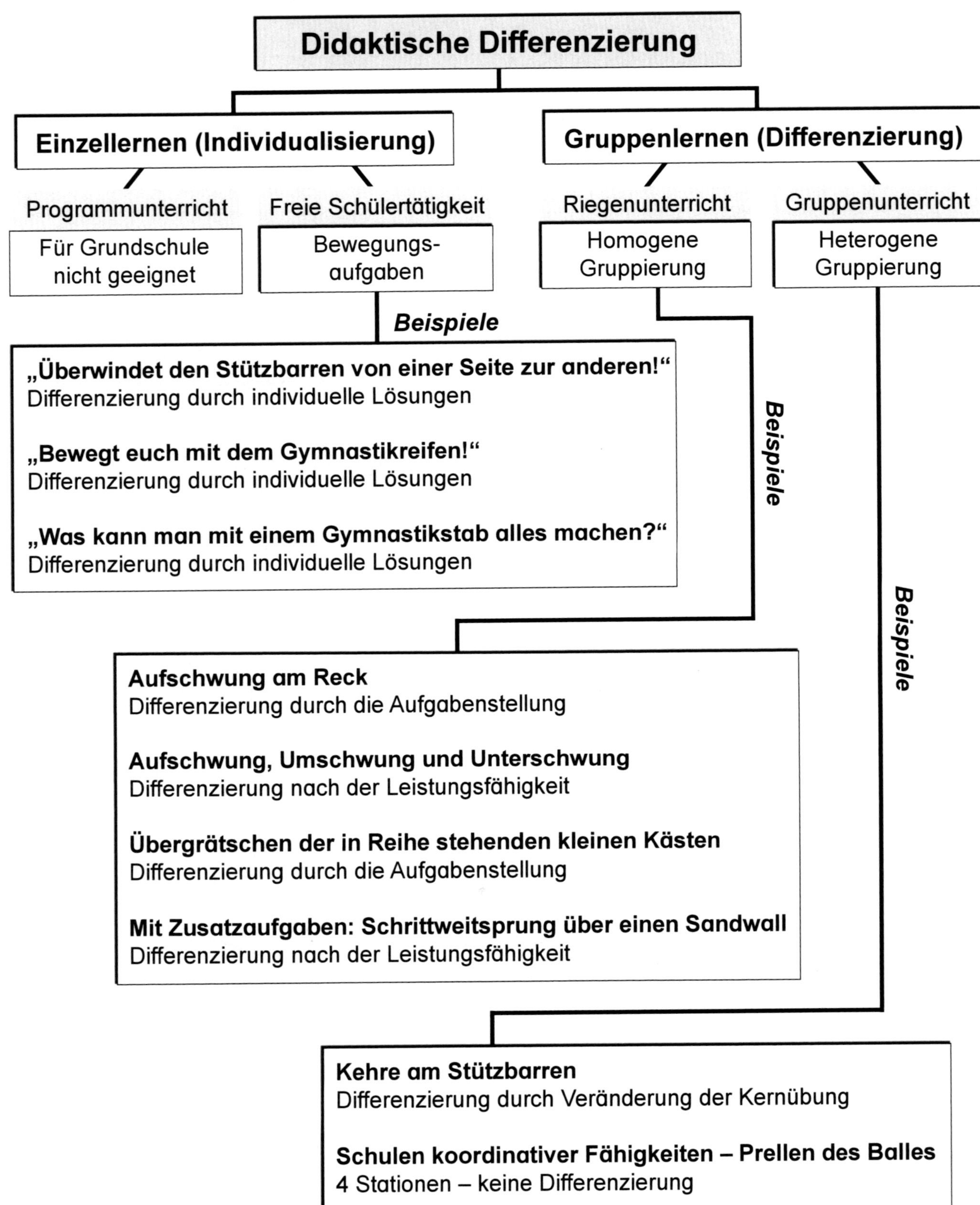

8 Formen der didaktischen Differenzierung

8.1 Programmunterricht

Wenn der Sportlehrer dem Anspruch, jeden Schüler entsprechend seiner Voraussetzungen und Fähigkeiten zu fördern, versucht gerecht zu werden – so ist das nur durch Einzellernen möglich. Ein individualisierender Unterricht ist nur durch den Einsatz von Lehrprogrammen zu verwirklichen. Bei Lehrprogrammen handelt es sich um vorgefertigten Unterricht. Die Programme enthalten die für die Schüler notwendigen Informationen, aufgeteilt in einzelne Lehr-/Lernschritte, mit Aufgabenstellung usw. [1]

Sportunterricht in dieser Form kommt in der praktischen Umsetzbarkeit schnell an seine Grenzen und ist für den Sportunterricht in der Grundschule nicht geeignet, da wichtige Zielsetzungen nicht erreicht werden und unter Beachtung der Sorgfalts- und Aufsichtspflicht Bedenken bestehen.

Im Sportunterricht der Sekundarstufe und wegen seiner Ziele in den Individualsportarten wie Leichtathletik, Gerätturnen und Schwimmen gibt es sicher Möglichkeiten der Umsetzung (*siehe Lütgeharm: Differenzierung im Sportunterricht – Sekundarstufe, Kohl-Verlag Nr. 13020*).

8.2 Freie Schülertätigkeit

Eine freie Selbsttätigkeit der Schüler ist eng mit den Begriffen Spontaneität, Gestaltung und Kreativität verbunden. Hier muss aufgrund der Gesamtverantwortung des Sportlehrers und der Kenntnis über die Fähigkeiten „seiner Schüler" in der Jahrgangsklasse gut überlegt werden, was möglich und durchführbar ist.

Bewegungsaufgaben haben eine differenzierende Funktion

Die Formen des kreativen und entdeckenden Lernens lassen sich im Sportunterricht der Grundschule am besten mit Bewegungsaufgaben umsetzen. Mit der Bewegungsaufgabe wird es dem Schüler völlig oder manchmal auch nur teilweise überlassen, auf welche Art und Weise er die gestellte Aufgabe löst. Durch die unterschiedlichen Lösungsmöglichkeiten wird der Schüler zum kreativen und selbsttätigen Lernen/Üben angeregt.

Die differenzierende Funktion der freien Schülertätigkeit liegt vor allem darin, dass der einzelne Schüler die jeweilige Bewegungsaufgabe aufgrund seiner Fähigkeiten und Möglichkeiten lösen kann.

Hinweise zum Stellen/Üben von Bewegungsaufgaben

- Der Sportlehrer sollte immer dazu ermuntern, eigene Ideen in Aktivität umzusetzen.
- Häufig kann man in der Praxis feststellen, dass manche Schüler zunächst einmal abwarten, weil sie keine Ideen haben, und zuerst einmal gucken, was andere Schüler machen.
- Danach versuchen sie die von anderen Schülern ausgeführten Bewegungen nachzuahmen, dabei kann es auch zu individuellen Überforderungen kommen – dann muss der Sportlehrer eingreifen.
- Im Verlauf einer Sportstunde hat es sich auch bewährt, dass ein Schüler seine Bewegungsaufgabe (= Lösung) vorstellt und alle anderen versuchen es nachzumachen.

[1] Heymen, N./Leue, W.: Planung von Sportunterricht, S. 111

8 Formen der didaktischen Differenzierung

Beispiele für die freie Schülertätigkeit

Beispiel: Überwindet den Stützbarren von einer Seite zur anderen!

Differenzierung durch individuelle Lösungen

a) Im Vierfüßlergang über den Barren stützeln, dabei ist die rechte Hand/der rechte Fuß auf dem rechten Holm und die linke Hand/der linke Fuß auf dem linken Holm.

b) Kleinschrittig über den Barren stützeln, dabei sind beide Hände auf dem einen Holm und beide Füße auf dem anderen Holm.

c) In den Stütz springen und durch die Holmgasse von einem kleinen Kasten zum anderen stützeln.

d) Vom kleinen Kasten auf die Holme steigen, sich aufrichten und kleinschrittig über die Holme zur anderen Seite balancieren.

e) Vom kleinen Kasten auf einen Holm steigen und kleinschrittig auf allen Vieren über einen Holm zur anderen Seite balancieren.

f) Sich mit den Händen an einem sowie den Knien am anderen Holm einhängen und sich mit gebeugten oder gestreckten Armen zur anderen Seite hangeln.

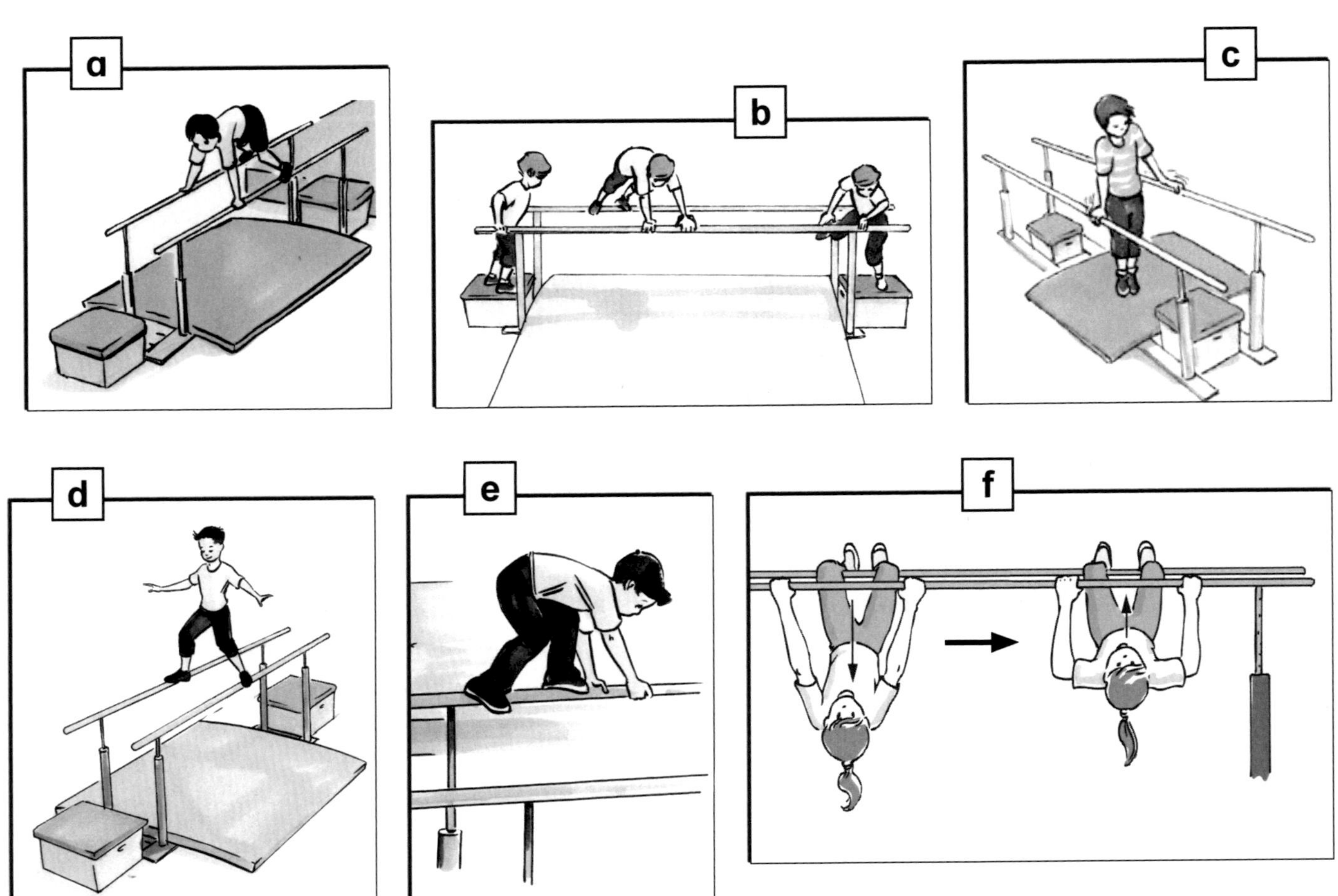

8 Formen der didaktischen Differenzierung

Beispiele für die freie Schülertätigkeit

<u>Beispiel</u>: Bewegt euch mit dem Gymnastikreifen!
Differenzierung durch individuelle Lösungen

Jeder Schüler erhält einen Gymnastikreifen.

a) Den Gymnastikreifen von oben fassen und ihn kräftig drehen („zwirbeln"), so dass er sich von allein um sich selbst weiterdreht.

b) Den Reifen senkrecht vor sich hinstellen, ihn dann loslassen, einmal in die Hände klatschen und versuchen, ihn wieder zu fassen, bevor er umfällt.

c) Versuchen, auf den Kanten des Reifens vorwärts zu balancieren, ohne dabei das Gleichgewicht zu verlieren.

d) Mit dem Reifen „Seilspringen" ausführen – vorwärts und rückwärts.

e) Den Reifen mit der geübten Hand antreiben und daneben herlaufen.

f) Den Reifen nach vorn kontrolliert wegrollen und anschließend versuchen, durch den rollenden Reifen zu schlüpfen, ohne dass der Reifen dabei berührt wird oder umfällt.

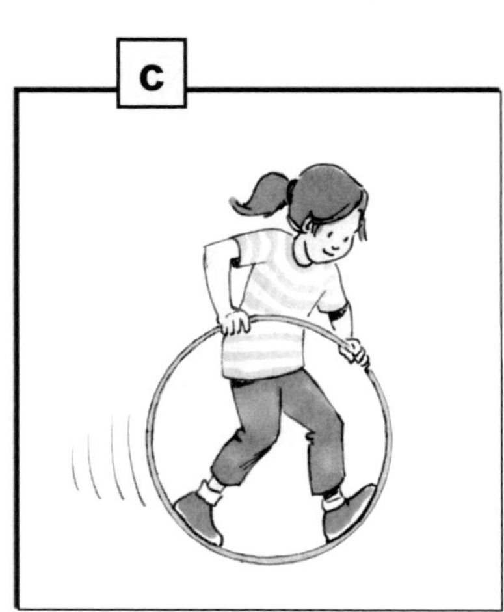

8 Formen der didaktischen Differenzierung

Beispiele für die freie Schülertätigkeit

<u>Beispiel</u>: Was kann man mit einem Gymnastikstab alles machen?
Differenzierung durch individuelle Lösungen

Jeder Schüler erhält einen Gymnastikstab (möglichst aus Holz).

a) Den Stab in Schräglage vor sich auf den Boden setzen und ihn so vorwärts schieben. Dabei Figuren wie Gerade, Slalom, Acht und Kurve ausführen.

b) Den Stab auf dem Handteller, Handrücken oder auf einzelnen Fingern balancieren.

c) Den Stab senkrecht vor sich hinstellen, ihn dann plötzlich loslassen, einmal in die Hände klatschen und danach versuchen, den Stab schnell wieder zu fassen.

d) Den Stab senkrecht vor sich hinstellen und mit einer Hand von oben festhalten. Dann loslassen, schnell eine ganze Drehung um sich selbst ausführen und versuchen, den Stab wieder zu fassen, bevor er umfällt.

e) Den senkrecht stehenden Stab mit einer Hand am oberen Ende fassen und versuchen, sich zwischen Stab und Arm durchzuwinden, ohne die Hand vom Stab zu lösen.

f) Findet euch zu dritt zusammen: Zwei Schüler hocken sich gegenüber hin und halten mit ihren Händen zwei Stäbe ca. 10-15 cm über dem Boden. Sie führen die Stäbe rhythmisch auseinander und wieder zusammen. Der dritte Schüler stellt sich zwischen die Stäbe und versucht, in diesem Rhythmus abwechselnd Schluss- und Grätschsprünge auszuführen. Jeder Schüler sollte einmal in der Mitte gewesen sein.

8.3 Riegenunterricht (Riegenbetrieb)

Der Riegenunterricht (Riegenbetrieb) ist eine der bekanntesten und ältesten Organisationsformen im Sportunterricht. In der Grundschule kommt der Riegenunterricht oft für eine kurzfristige Gruppierung zum Einsatz.

Charakteristisch für den Riegenbetrieb ist, dass ...

- die Klasse in gleich große Riegen (Gruppen) eingeteilt wird;
- die Schüler sich hintereinander in Riegen aufstellen;
- alle Schüler gemeinsam nacheinander den gleichen Bewegungsablauf ausführen;
- der Sportunterricht eine geringe Intensität und längere Wartezeiten aufweist etc.

Die Anzahl der Riegen ist abhängig von Schülerzahl, Raum und Geräteangebot.
Beim Riegenunterricht im Sinne von Leistungsriegen wird versucht, das Prinzip der Niveaugruppierung auf den Klassenverband zu übertragen. Dies kann bei bestimmten Zielsetzungen notwendig und erfolgreich sein, doch sollte dies nur in zeitlich begrenztem Umfang geschehen. Der Riegenbetrieb ist geeignet für Anfängerklassen sowie das Üben und Festigen von bekannten Bewegungsfertigkeiten.

Die Einteilung der Klasse in Riegen kann nach folgenden Differenzierungsaspekten vorgenommen werden:

c b a

Beispiel: Sprung in den Stütz am schulterhohen Reck
Differenzierung (Einteilung in Riegen nach Körpergröße) durch unterschiedlich hohe Geräte (Reckstangen, Böcke, Kästen, Stützbarren)

Beispiel: Grätsche über Bock und T-Bock
Differenzierung (Einteilung in Riegen) durch unterschiedlich hohe Geräte, z. B.:

Riege a): Übergrätschen der kleinen Kästen in Reihe;
Riege b): Grätsche über den Bock;
Riege c): Grätsche über den Doppelbock (T-Bock) mit Hilfeleistung

Hinweise: Die Übergänge zwischen den einzelnen Riegen sind fließend.

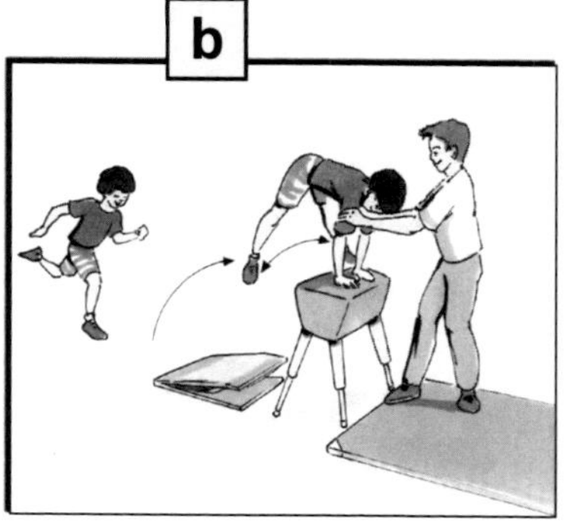

Eine Einteilung in Riegen nach Interessen/Vorlieben ist in der Grundschule aus Gründen der Sorgfalts- und Aufsichtspflicht sowie unterrichtsorganisatorischen Gründen kaum möglich.

8 Formen der didaktischen Differenzierung

Beispiele für den Riegenunterricht

<u>Beispiel</u>: Aufschwung am Reck
Differenzierung durch die Aufgabenstellung

- Es werden mehrere Riegen gebildet, die sich an zwei oder drei Recken aufstellen.
- Wer den Aufschwung ausgeführt hat, stellt sich wieder an das Ende der Riege.

Riege a): Ein Fuß steht auf dem Rand des Kastendeckels, das andere Bein (Schwungbein) schwingt am Kastendeckel vorbei und holt Schwung. Die Arme sind gebeugt, die Kopfhaltung ist normal. Das Schwungbein zieht dich hoch und um/über die Stange. Wer kann den Aufschwung gleich noch einmal ausführen?

Riege b): Wer kann nach dem Aufschwung einen Niedersprung auf die Matte ausführen?

Riege c): Wer kann nach dem Aufschwung einen Niedersprung auf die Matte und danach eine Rolle vorwärts ausführen?

<u>Hinweis</u>: Die Übergänge zwischen den einzelnen Riegen sind fließend.

<u>Beispiel</u>: Aufschwung, Umschwung und Unterschwung
Differenzierung nach der Leistungsfähigkeit

- Es werden mehrere Riegen gebildet, die sich an zwei oder drei Recken aufstellen.
- Wer seine Übung ausgeführt hat, stellt sich wieder an das Ende der Riege.

Riege a): Sprung in den Stütz, Niedersprung und Unterschwung;

Riege b): Aufschwung, Niedersprung und Unterschwung;

Riege c): Aufschwung, Umschwung, Niedersprung und Unterschwung

<u>Hinweis</u>: Die Übergänge zwischen den einzelnen Riegen sind fließend.

8 Formen der didaktischen Differenzierung

Beispiele für den Riegenunterricht

<u>Beispiel</u>: Übergrätschen der in Reihe stehenden kleinen Kästen
Differenzierung durch die Aufgabenstellung

- Es werden mehrere Riegen gebildet, die sich an den in Reihe stehenden kleinen Kästen aufstellen. Die kleinen Kästen stehen längsseitig in der Reihe – nicht quer.
- Wer alle Kästen übergrätscht/überlaufen hat, stellt sich wieder an das Ende der Riege.

Differenziert in Aufgabenstellungen mit zunehmender Schwierigkeit

1. Beliebiges Überlaufen der kleinen Kästen.
2. Schrittsprünge von Kasten zu Kasten.
3. Möglichst mehrmals: Kurzer Anlauf, Absprung mit beiden Füßen, vorfassen der Hände auf das entfernte Ende des kleinen Kastens und Übergrätschen. Die restlichen (notfalls alle) Kästen beliebig überwinden.
4. Kurzer Anlauf, Absprung mit beiden Füßen, vorfassen der Hände auf das entfernte Ende des kleinen Kastens und Übergrätschen. Landung auf beiden Füßen und erneutes Übergrätschen des nächsten Kasten – mit und ohne Zwischenhüpfer. Wer es nicht schafft, darf weiter die Kästen beliebig überwinden.

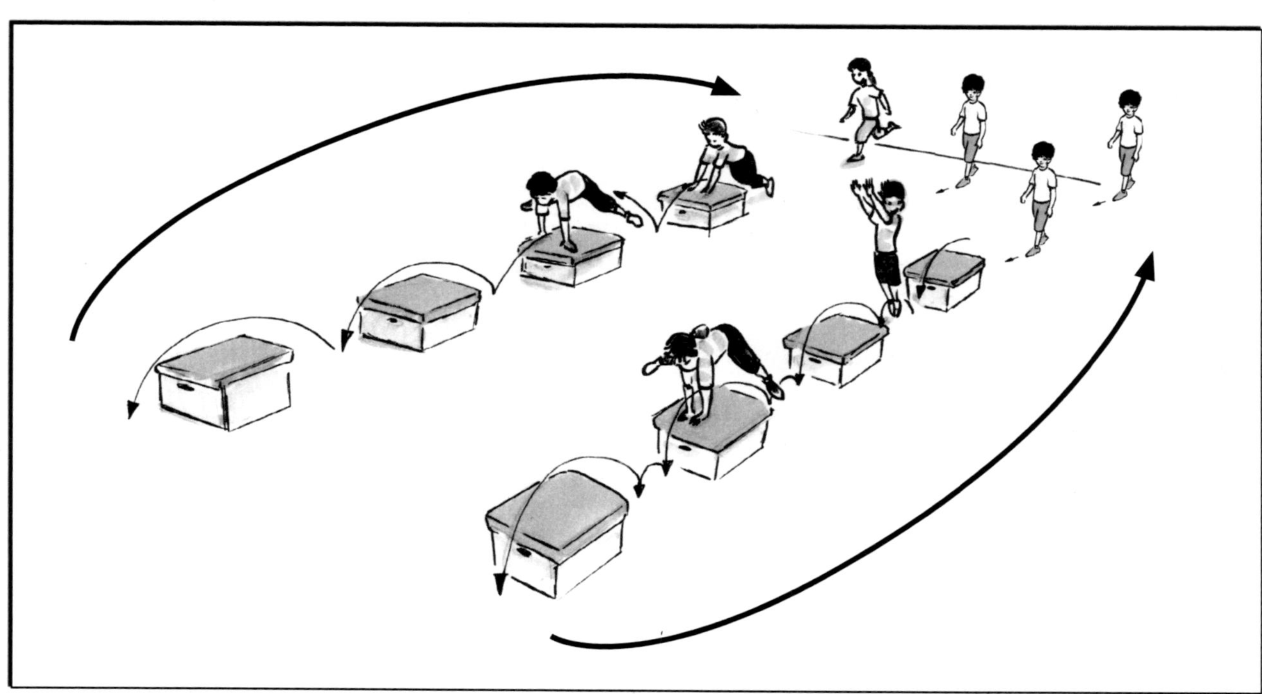

Riegenbetrieb mit Zusatzaufgaben

Um die sich beim Riegenunterricht ergebenden Wartezeiten zu verkürzen und die Intensität insgesamt zu erhöhen, wird häufig der Riegenbetrieb mit Zusatzaufgaben eingesetzt. Nach dem Ausführen der Hauptübung wird – auf dem Rückweg zur Riege – eine Zusatzaufgabe ausgeführt.

Dabei werden bereits bekannte/gekonnte Bewegungsfertigkeiten eingesetzt, damit der Unterrichtsverlauf nicht gestört bzw. unterbrochen wird. Die Zusatzaufgabe sollte keine besonderen Sicherungsvorkehrungen erfordern und möglichst andere Muskelgruppen als in der Hauptübung beanspruchen.

KOHL VERLAG Differenzierung im Sportunterricht / Grundschule – Bestell-Nr. 13 019

8 Formen der didaktischen Differenzierung

<u>Beispiel</u>: Weitsprung über einen Sandwall – mit Zusatzaufgaben

Differenzierung nach der Leistungsfähigkeit (3 Riegen)

Hauptübung: Die Schüler stellen sich in drei Riegen mit Abstand zu den Kastendeckeln auf. Einige Schritte Anlauf, Absprung vom Kastendeckel und Schrittweitsprung über einen schräg verlaufenden Sandwall (ein ausgelegtes Tau) in die Weitsprunggrube.

<u>Hinweise</u>: Durch den schräg verlaufenden Sandwall hat jeder Schüler die Möglichkeit, sich einen Abstand auszusuchen, den er gut überspringen kann – zunächst immer mit geringem Abstand beginnen und danach steigern! Die Riegen verändern sich dadurch ständig.

Zusatzaufgabe 1: Fassen des Geländers mit beiden Händen, kurzer Auftakt durch leichtes Kniebeugen und Sprung in den Stütz, sich kurz aufrichten und anschließend eine Rolle vorwärts ausführen.

<u>Hinweise</u>: Den Griff lange beibehalten, erst dann die Hände lösen, wenn die Füße Bodenkontakt haben.

Zusatzaufgabe 2: Kurzer Anlauf und Schrittsprünge von Reifen zu Reifen. Jeder Reifen darf nur mit einem Fuß betreten werden.

Danach wieder zur Anlaufbahn des Weitsprungs gehen und sich in der Riege anstellen.

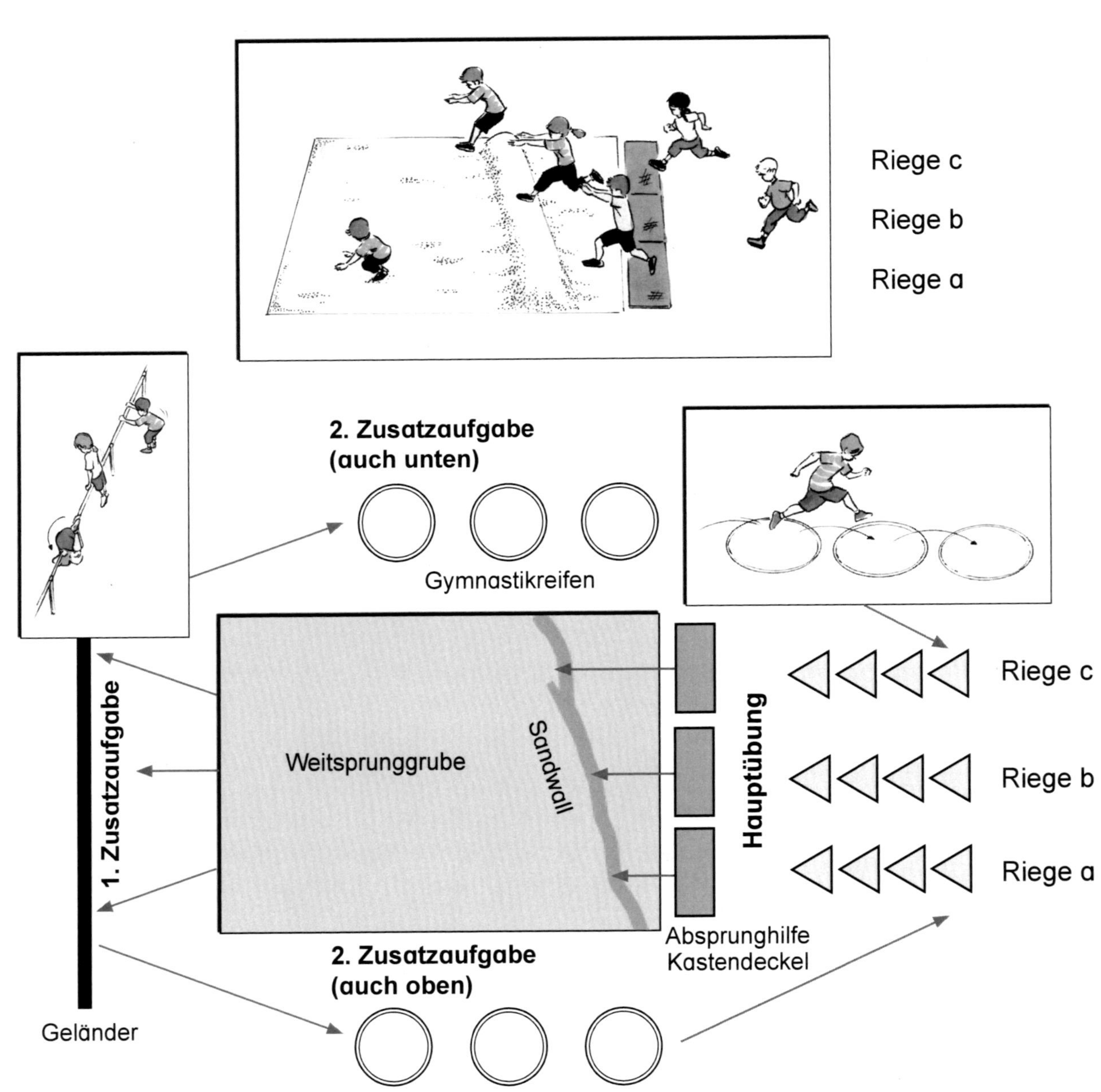

8.4 Gruppenunterricht

Unter Gruppenunterricht wird ganz allgemein das Üben in heterogenen Kleingruppen verstanden, d. h. der Klassenverband (Jahrgangsklasse) wird in mehrere heterogene Gruppen aufgeteilt.

Die differenzierende Funktion des Gruppenunterrichts ist darin zu sehen, dass jedes Gruppenmitglied nach seinen Fähigkeiten zur gemeinsamen Aufgabe beitragen kann.[2]

Es wird erwartet, dass jedes Gruppenmitglied entsprechend seiner Fähigkeiten und Möglichkeiten seinen Anteil zur Lösung der gestellten Aufgabe und damit zum Erfolg seiner Gruppe beiträgt. Dabei können die Anteile der einzelnen Schüler recht unterschiedlich sein.
Sportunterricht in Gruppen kann in verschiedenen Formen durchgeführt werden. Die im Folgenden genannten Formen des Sportunterrichts in Gruppen werden vielen Sportlehrern bekannt sein. Die sich anschließenden praktischen Beispiele veranschaulichen die Aussagen und dienen zum besseren Verständnis.

Beispiel: Kehre am Stützbarren

Differenzierung durch Veränderung der Kernübung

- Die Klasse wird in 3 Gruppen im Rahmen eines rein lehrergesteuerten Sportunterrichts aufgeteilt. Ein Wechsel ist nicht vorgesehen, da im Grunde an jeder Station die gleiche Bewegungsfertigkeit ausgeführt wird.
- Grundsätzlich findet hier keine Differenzierung statt.
  Allerdings ist die Aufgabenstellung des Sportlehrers so angelegt, dass leistungsstärkere Schüler die Kernübung in veränderter Form turnen können.

die „Kernübung" in veränderter Form

Variante A

Kehre ohne Einsatz des kleinen Kastens

Variante B

Kehre mit einer Vierteldrehung zum Gerät

[2] Söll, W.: Differenzierung im Sportunterricht, zweiter Teilband, S. 102

8 Formen der didaktischen Differenzierung

Beispiel: Schulen koordinativer Fähigkeiten – Prellen des Balles

4 Stationen – keine Differenzierung

Die Klasse wird in 4 Gruppen aufgeteilt. An vier verschiedenen Stationen/Geräten werden bekannte Bewegungsaufgaben – Prellen des Balles – ausgeführt. Die Übungsdauer an jeder Station und die Wechsel werden durch den Sportlehrer vorgegeben.

Gruppe a): Gehen auf der Turnbank und fortwährendes Prellen des Balles auf den Boden.

Gruppe b): Gehen auf der Turnbank, dabei muss der Ball in die ausgelegten Reifen geprellt werden.

Gruppe c): Gehen vorwärts über kleine Kästen in Reihe und fortwährendes Prellen des Balles.

Gruppe d): Gehen auf der Turnbank, dabei muss der Ball abwechselnd in den Reifen und auf den kleinen Kasten, in den Reifen und auf den kleinen Kasten usw. geprellt werden.

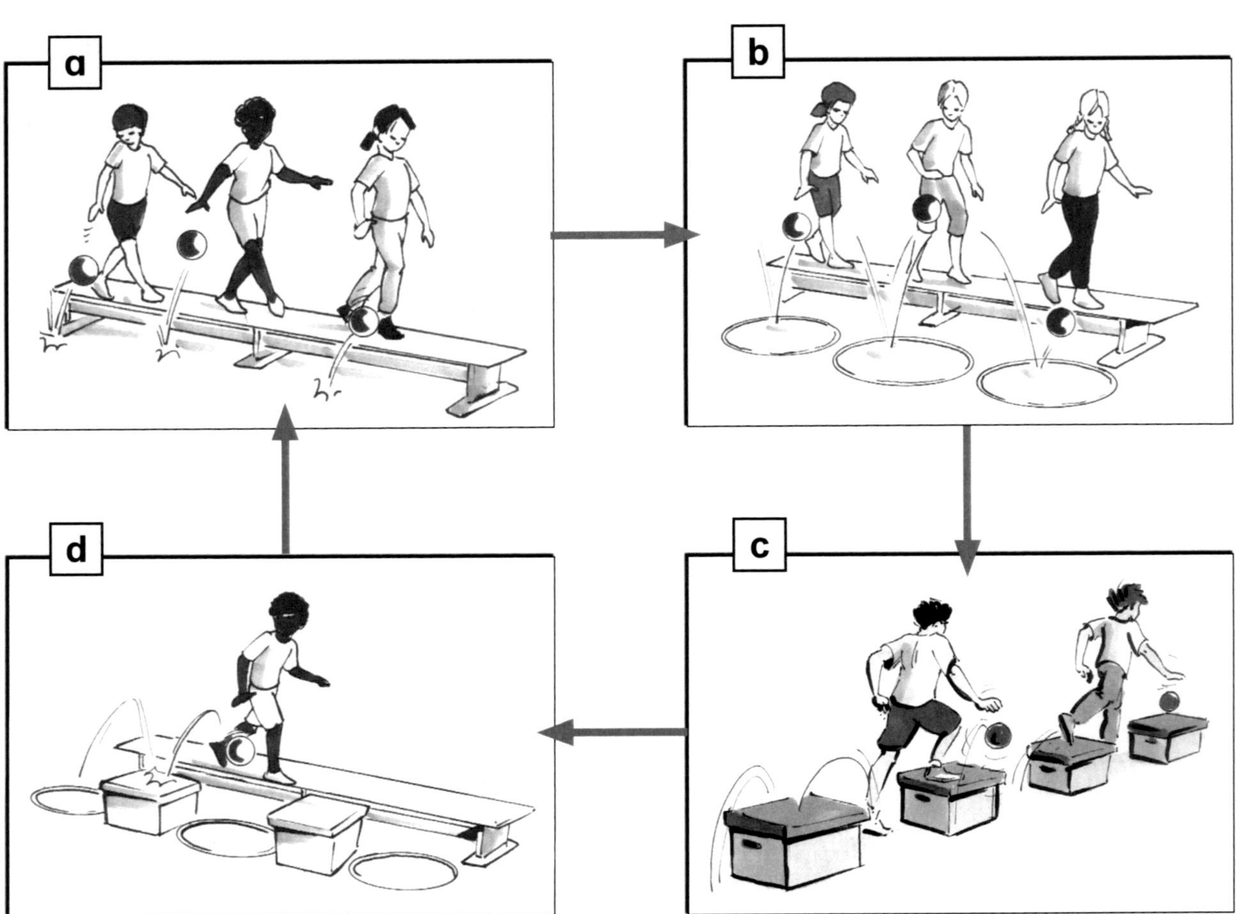

8 Formen der didaktischen Differenzierung

<u>Beispiel</u>: Tauziehen – Wackelbrücke – Königsball

Differenzierung durch individuelle Anteile

Die Einteilung der Klasse in Gruppen dient zur Lösung einer bestimmten Aufgabe, wobei das Problem inhaltlicher oder organisatorischer Natur sein kann.
Es wird erwartet, dass jedes Gruppenmitglied entsprechend seiner Fähigkeiten und Möglichkeiten seinen Anteil zur Lösung der gestellten Aufgabe und damit zum Gruppenerfolg beiträgt. Dabei können die Anteile der einzelnen Schüler recht unterschiedlich sein.

Tauziehen

Differenzierung: Jeder trägt ganz individuell mit seinen Kräften zur Lösung der Aufgabe bei.

Die beiden Gruppen stehen sich in Reihe gegenüber und halten das Tau so, dass ein ca. 2-3 m breiter Abstand zwischen den Gruppen bleibt. Die Schüler jeder Gruppe stehen abwechselnd rechts und links am Tau. Auf ein Zeichen des Sportlehrers beginnt das Ziehen. Sieger ist die Gruppe, der es gelingt, mit dem letzten Schüler die Spielfeldgrenze zu erreichen.

Gehen über die „Wackelbrücke“

Differenzierung: Es müssen nicht alle über die Brücke gehen, manche wirken nur beim Halten der Bank mit.

Alle Schüler der Gruppe fassen die Sitzfläche der Turnbank mit beiden Händen von unten und heben sie leicht an. Ein Schüler steigt vom kleinen Kasten auf die Bank und geht langsam über die schwebende und wackelnde „Brücke“ zur anderen Seite. Dort steigt er wieder auf den kleinen Kasten ab.

Königsball

Differenzierung: Wurfschwächere Schüler stehen ganz vorne auf der Bank.

Jede Gruppe stellt sich in Reihe auf ihrer Bank auf. Ein Schüler (guter Werfer und Fänger) steht 2-3 m davor in einem Reifen. Dieser „König“ wirft nun dem ersten Schüler auf der Bank den Ball zu, der fängt den Ball und wirft ihn zum König zurück und setzt sich auf die Bank. Der König wirft nun dem zweiten Schüler auf der Bank den Ball zu usw. Sollte ein Schüler den Ball nicht fangen, so muss er den Ball schnell wieder holen, sich an seinen alten Platz stellen und von dort zurückwerfen. Sieger ist die Mannschaft, die zuerst in einer Reihe auf der Bank sitzt.

9 Methodische Differenzierung

Merkmale – Mittel – Ebenen

Methodische Differenzierung bezeichnet die differenzierenden Maßnahmen, die bei prinzipieller Wahrung der Einheitlichkeit des Klassenunterrichts anwendbar sind.[1] Kennzeichen der methodischen Differenzierung ist, dass der Klassenverband und kollektives Lernen so lange wie möglich erhalten bleiben.

Merkmale der methodischen Differenzierung:

- Die Klasse wird als geschlossene Lerngruppe beibehalten.
- Von der gemeinsamen Zielsetzung wird nur kurzfristig abgegangen.
- Die Differenzierung erfolgt vorwiegend auf einer methodischen bzw. organisatorischen Ebene.

Mittel der methodischen Differenzierung sind u. a.:

- Unterschiede in der Zielsetzung, z. B.:
  Teilziele und/oder vereinfachte Übungsausführung;
- Unterschiedliche methodische Maßnahmen, z. B.:
  Einsatz von Bewegungs- und Geräthilfen;
- Unterschiedliche Lern- und Übungsbedingungen, z. B.:
  Geräthöhe (Höhe der Reckstange, Höhe des Bockes), Gerätgewichte (Medizinball oder Gymnastikball);
- Unterschiede in der physischen und motorischen Belastung, z. B.:
  Unterschiedliche Übungszeit beim Zirkeltraining, abgestufte Wiederholungszahl, abgestufte koordinative Anforderungen usw.

Die zwei Ebenen der methodischen Differenzierung[2]:
körperliche Leistungsfähigkeit und motorische Lernfähigkeit

a) Differenzierung nach der körperlichen Leistungsfähigkeit, und hier wiederum ...

> ... unter einem mehr <u>quantitativen</u> Aspekt, indem bestimmte Schüler länger laufen, höher springen oder eine größere Wiederholungszahl bewältigen als andere.

<u>Beispiel</u>: Zubringerstaffel

Differenzierung nach der Leistungsfähigkeit

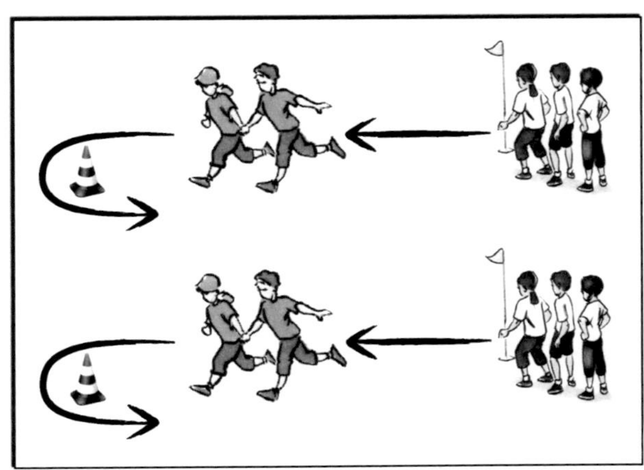

Es werden 2-3 Gruppen gebildet, in denen sich jeweils die Schüler hintereinander an der Startlinie aufstellen, die leistungsstärkeren stehen weiter vorn. Auf Signal des Sportlehrers startet der erste Läufer jeder Gruppe, umläuft das Wendemal und holt den zweiten Schüler ab. Zusammen umlaufen sie das Wendemal und holen den dritten Schüler ab usw.
Welche Mannschaft steht zuerst wieder hintereinander an ihrem Ausgangspunkt?

<u>Hinweise</u>: Bei dieser Staffel laufen die leistungsstärkeren Schüler mehr Runden, leistungsschwächere laufen weniger Runden.

---

1 Söll, W.: 1979, S. 83

2 Söll, W.: Differenzierung im Sportunterricht, S. 217

9 Methodische Differenzierung

Beispiel: Austauschstaffel
Differenzierung nach der Leistungsfähigkeit

Es werden mehrere Gruppen gebildet, die beiden Hälften jeder Gruppe stehen sich gegenüber. Die ersten Läufer jeder Seite starten gleichzeitig. Sie tragen unterschiedliche Geräte, z. B. die Spieler von rechts Medizinball und Stab, die Läufer von links Gymnastikball und Reifen. Sie treffen sich auf der Laufstrecke und tauschen die Gegenstände aus, danach laufen sie zu ihrer Grundlinie zurück und übergeben dort die Gegenstände an den nächsten Schüler. Es gewinnt die Mannschaft, die zuerst durch ist.

Hinweise: Schnellere Schüler legen eine längere Strecke zurück, langsamere laufen weniger an Metern.

Beispiel: Schlusssprünge auf kl. Kasten + Auf-/Abstützeln an der Bank
Differenzierung durch die Anzahl der Wiederholungen

Hinweise: Manche Schüler schaffen die Übung 15-mal ohne Pause, andere brauchen schon nach 5-mal Üben eine Pause.

… unter einem mehr <u>qualitativen</u> Aspekt, indem bestimmte Schüler die rein physischen Voraussetzungen zur Bewältigung einer Übung besitzen und andere nicht.

Beispiel: Stützeln durch die Holmengasse
Differenzierung durch unterschiedliche Aufgaben

Kleinschrittig vorwärts durch die Holmengasse stützeln – von einem kleinen Kasten zum anderen.

Hinweise: Manche Schüler stützeln aufgrund schwacher physischer Voraussetzungen zunächst im Vierfüßlergang seitwärts (oder vorwärts) über die Holme.

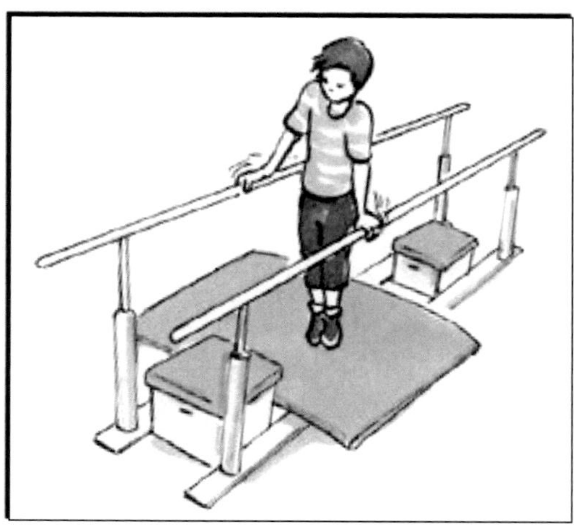

KOHL VERLAG Differenzierung im Sportunterricht / Grundschule – Bestell-Nr. 13 019

9 Methodische Differenzierung

b) Differenzierung nach der motorischen Lernfähigkeit, und auch hier wiederum ...

... unter einem mehr <u>quantitativen</u> Aspekt, indem die Schüler sich in der Schnelligkeit und Leichtigkeit des Lernens unterscheiden.

<u>Beispiel</u>: Aufschwung am Reck
Differenzierung durch unterschiedliche Aufgaben

Nachdem der Aufschwung vom Sportlehrer oder einem Mitschüler demonstriert wurde, führen manche Schüler den Aufschwung sofort aus – „Lernen auf Anhieb".

Andere Schüler benötigen Vorübungen, Erleichterungen und Bewegungshilfen, um Schritt für Schritt das Ziel zu erreichen.

Stand vor dem Reck (ca. schulterhoch) mit gebeugten Armen. Laufe die schräge Ebene hinauf, stoße dich kräftig mit einem Fuß ab und schwinge danach mit den Beinen über die Reckstange. Richte dich danach in den Stütz auf.

Achte darauf, dass deine Hüfte (dein Bauch) sich nicht zu weit von der Reckstange entfernt. Die Arme bleiben gebeugt, die Kopfhaltung ist normal – nicht in den Nacken nehmen! Versuche es gleich noch einmal.

... unter einem mehr <u>qualitativen</u> Aspekt, indem bestimmte Schüler koordinativ schwierigere Übungen bewältigen, einen höheren Beherrschungsgrad erreichen und eine bessere Ausführung zeigen als andere.

<u>Beispiel</u>: Seilspringen
Differenzierung durch unterschiedliche Aufgaben

1. Grundsprung: Seilspringen vorwärts mit beiden Füßen (Schlusssprünge) mit und ohne Zwischenhüpfer;
2. Grundsprung: Seilspringen vorwärts mit Grätschen und Schließen der Füße/Beine;
3. Seilspringen seitwärts mit beiden Füßen oder seitlichen Nachstellschritten;
4. Grundsprung, anschließend beim nächsten Sprung, wenn das Seil über dem Kopf ist, die Arme kreuzen, die Hände sind dabei außerhalb des Körpers.

10 Grundformen der methodischen Differenzierung

konvergente Differenzierung – divergente Differenzierung

Die methodische Differenzierung erfolgt auf einer …
- konvergenten Ebene, wenn von verschiedenen Ausgangsniveaus her ein gemeinsames Ziel erreicht werden soll;
- divergenten Ebene, wenn man von einer annähernd gleichen Ausgangslage heraus verschieden weit vorankommen / fortschreiten kann.

Konvergente Differenzierung
(annähernd)

- … ist gekennzeichnet durch annähernd leistungshomogene Gruppen.
- … geht von verschiedenen Ausgangsniveaus aus, die bereits vor Beginn der jeweiligen Unterrichtsstunde vorhanden waren.
- Der ausgewählte Lehr-/Lernweg ist für die in der Regel anzahlmäßig große „Mittelgruppe“ gedacht.
- für die beiden anderen Gruppen, d. h. leistungsschwache und -starke Schüler sind „Sonderprogramme“ geplant.

Divergente Differenzierung
(auseinanderstrebend)

- … ist dadurch gekennzeichnet, dass zu Beginn des Übens keine Gruppenbildung erfolgt.
- … geht von einem gegebenen, relativ einheitlichen Ausgangsniveau aus.
- Die Schüler beginnen mit einer Übung, die von allen beherrscht wird.
- Im Verlauf der weiteren Übungsfolge kommen immer mehr Schüler an ihre Leistungsgrenze. Sie üben weiterhin die letzte oder auch nur die vorletzte Übung.
- Die verbleibenden Schüler werden weiter entsprechend ihrer Möglichkeiten gefördert.

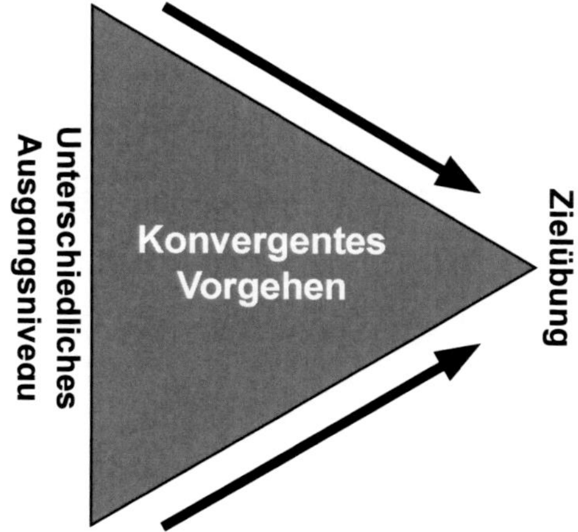

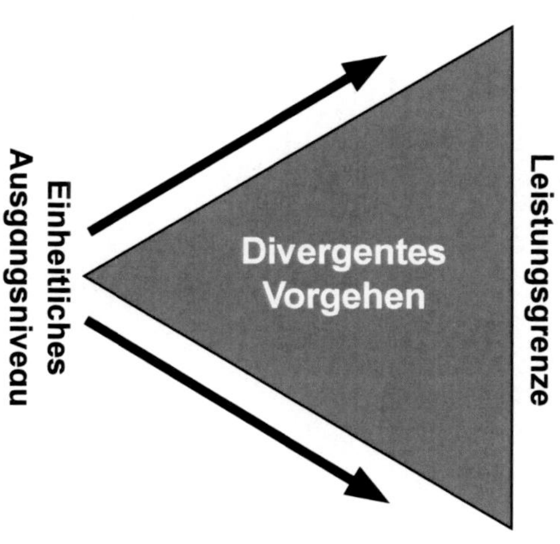

10 Grundformen der methodischen Differenzierung

10.1 Konvergente Differenzierung (Primärdifferenzierung)

Das besondere Anliegen der konvergenten Differenzierung besteht darin, möglichst alle Schüler in Bezug auf eine ganz bestimmte Zielsetzung zu fördern. Die konvergente Differenzierung wird in erster Linie beim Lernen und Üben sportlicher Bewegungsfertigkeiten eingesetzt, z. B. beim Lernen und Üben des Handstandabrollens oder beim Lernen und Üben des Schlagballweitwurfs. Aufgrund der unterschiedlichen motorischen Voraussetzungen und der unterschiedlichen motorischen Lernfähigkeit ergeben sich im praktischen Sportunterricht in der Regel drei Gruppierungen. Das folgende Schema veranschaulicht die drei Gruppierungen und Zielsetzungen.

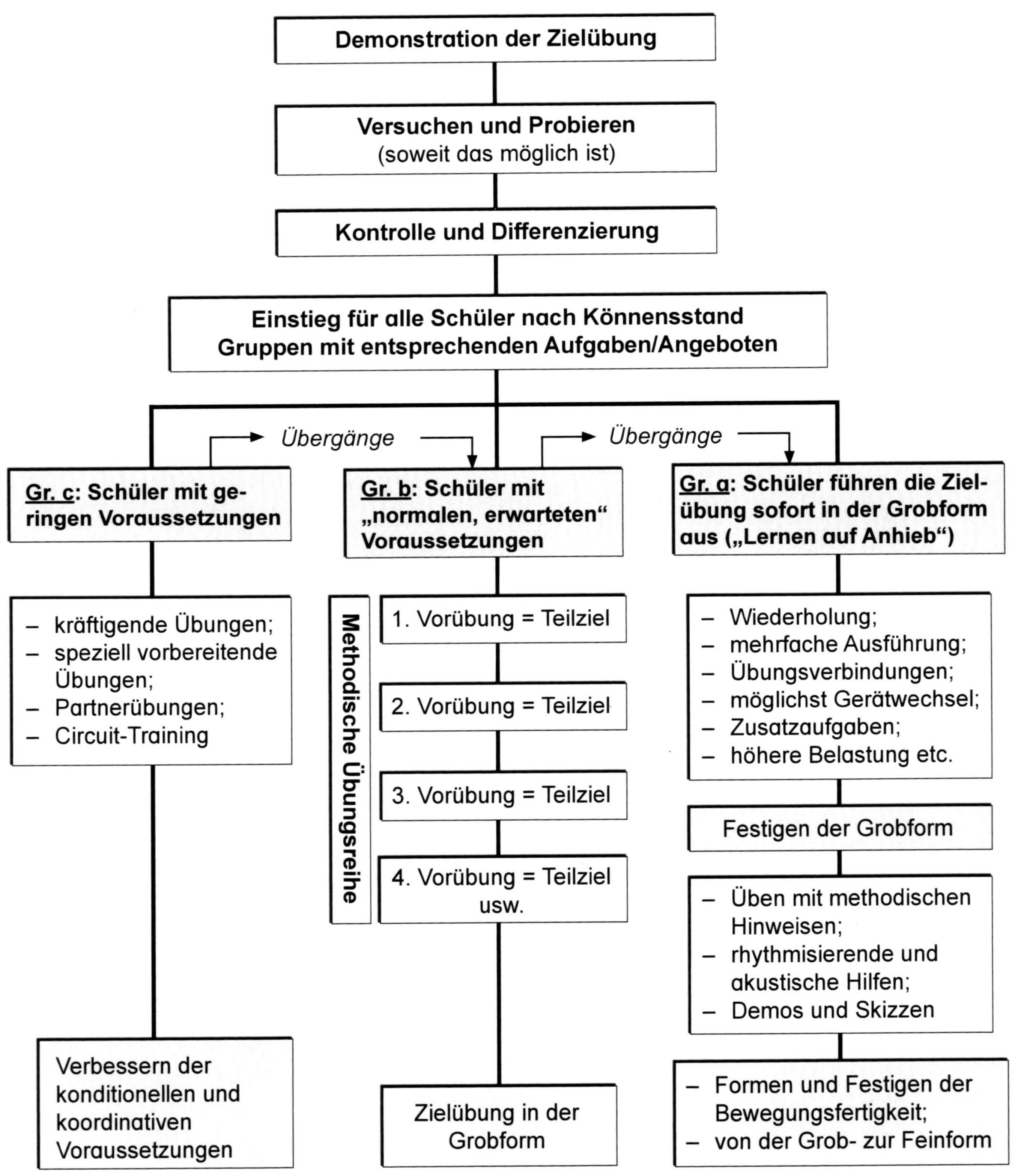

10 Grundformen der methodischen Differenzierung

Wie schon erwähnt und ersichtlich, gilt der normale Lehr- und Lernweg für die mittlere Gruppe (b) der Klasse.

Davon ausgehend resultieren dann die „Sonderprogramme", d. h. Angebote für die leistungsstarken bzw. leistungsschwachen Schüler.

Es folgt die nähere Beschreibung der Ziele der einzelnen Gruppen.

Gruppe a: Einige Schüler lernen die neue Bewegungsfertigkeit „auf Anhieb" oder können die Zielübung bereits.

Gruppe b: Ein großer Teil der Schüler erlernt die Zielübung über Vorübungen bzw. Zwischenschritte mithilfe einer ausgewählten methodischen Übungsreihe.

Gruppe c: Einige Schüler können die Zielübung aufgrund ihrer Voraussetzungen nicht erreichen und setzen ihre Schwerpunkte auf Teilziele oder das Schulen der Voraussetzungen.

Typische Methoden/Maßnahmen der konvergenten Differenzierung sind der Einsatz von Vorübungen, das Schaffen von erleichterten Bedingungen und der Einsatz von Gerät- und Bewegungshilfen.

Hinweise: Es besteht zwar für jede Gruppe eine bestimmte Zielsetzung, die Übergänge zwischen den einzelnen Gruppen sind aber fließend, d. h. wenn ein Schüler die Zielsetzungen seiner Gruppe erfüllt, ist ein sofortiger Einstieg in die nächsthöhere Gruppe möglich. (c → b → a)

Der Sportlehrer muss dementsprechend versuchen, den Könnensfortschritt innerhalb der Gruppen genau zu beobachten, um beim einzelnen Schüler einen eventuellen Übergang in die nächsthöhere Gruppe zu ermöglichen.

Die Gruppen a und b üben vorwiegend selbstständig und teilweise auch unter Mithilfe von Mitschülern. Der Gruppe c, d. h. den leistungsschwachen Schülern, kann sich der Sportlehrer damit verstärkt zuwenden. Durch Ansagen und Demonstrationen wird es möglich, die Klasse zwischendurch auch wieder insgesamt zusammen zu holen und anzusprechen.

Die Abfolge der ausgewählten Übungen wird für jede Gruppe gesondert aufgelistet und zusätzlich durch Abbildungen veranschaulicht. So erkennt der Sportlehrer auf einen Blick das jeweilige Übungsangebot.

10 Grundformen der methodischen Differenzierung

Beispiel: Lernen und Üben des Handstandabrollens

Differenzierung in drei Gruppen (= konvergente Differenzierung)

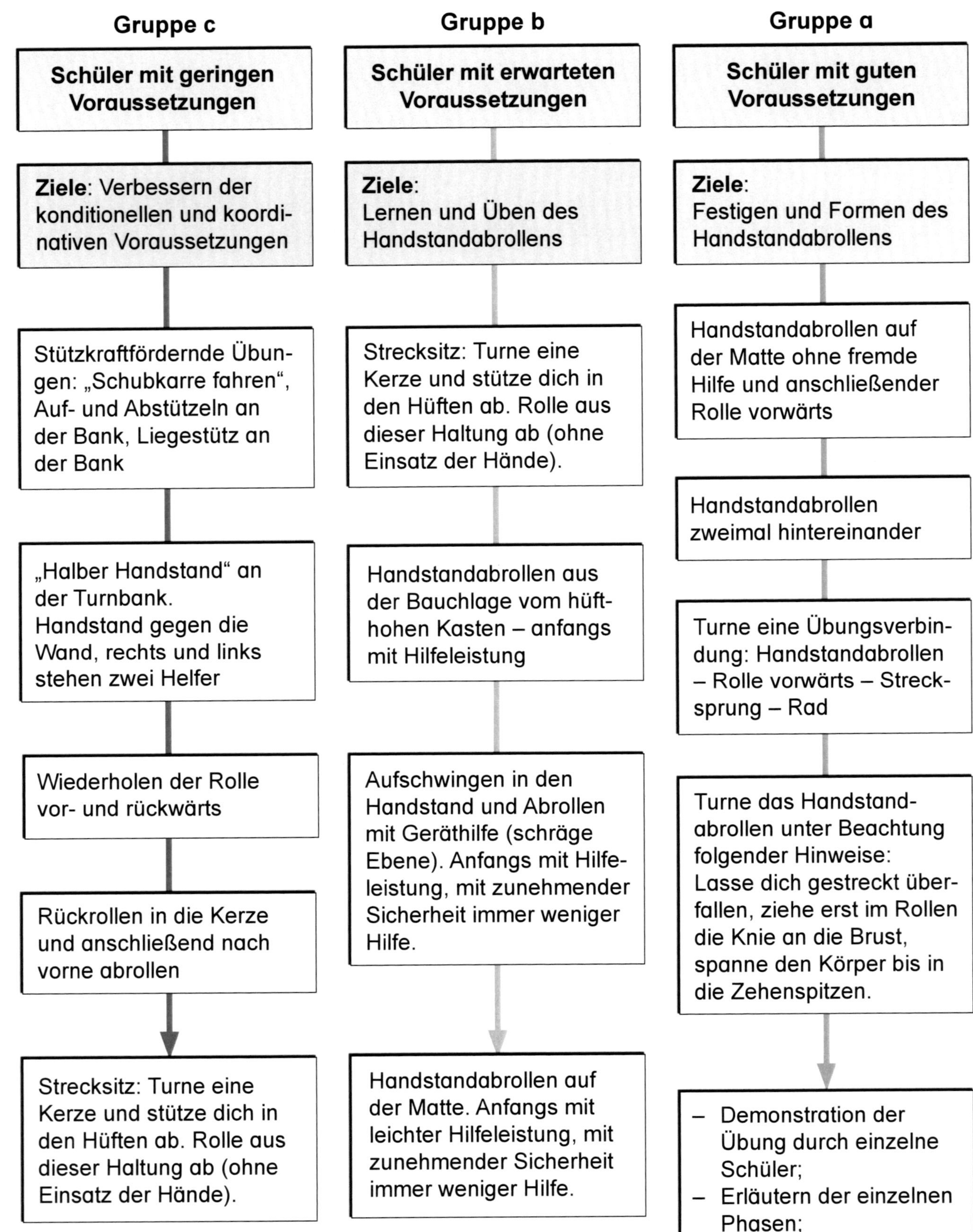

10 Grundformen der methodischen Differenzierung

Gruppe c: **Schüler mit geringen Voraussetzungen/Vorerfahrungen**
Ziele: **Verbessern der konditionellen und koordinativen Voraussetzungen**

Übungen – eine mögliche Auswahl

Stützkraftfördernde Übungen: „Schubkarre fahren“, Auf- und Abstützeln an der Bank, Liegestütz an der Bank

„Halber Handstand“ an der Turnbank. Handstand gegen die Wand, rechts und links stehen zwei Helfer

Wiederholen der Rolle vor- und rückwärts

Rückrollen in die Kerze und anschließend nach vorne abrollen

Strecksitz: Turne eine Kerze und stütze dich in den Hüften ab. Rolle aus dieser Haltung ab (ohne Einsatz der Hände).

10 Grundformen der methodischen Differenzierung

Gruppe b: Schüler mit erwarteten (normalen) Voraussetzungen
Ziele: Lernen und Üben des Handstandabrollens

Übungen – eine mögliche Auswahl

Strecksitz: Turne eine Kerze und stütze dich in den Hüften ab. Rolle aus dieser Haltung ab (ohne Einsatz der Hände).

Handstandabrollen aus der Bauchlage vom hüfthohen Kasten – anfangs mit Hilfeleistung

Aufschwingen in den Handstand und Abrollen mit Gerätehilfe (schräge Ebene). Anfangs mit Hilfeleistung, mit zunehmender Sicherheit immer weniger Hilfe.

Handstandabrollen auf der Matte. Anfangs mit leichter Hilfeleistung, mit zunehmender Sicherheit immer weniger Hilfe.

10 Grundformen der methodischen Differenzierung

Gruppe a: **Schüler mit guten Voraussetzungen/Vorerfahrungen**
Ziele: **Verbessern der konditionellen und koordinativen Voraussetzungen**

Übungen – eine mögliche Auswahl

Handstandabrollen auf der Matte ohne fremde Hilfe und anschließender Rolle vorwärts

Handstandabrollen zweimal hintereinander

Turne eine Übungsverbindung: Handstandabrollen – Rolle vorwärts – Strecksprung – Rad

Turne das Handstandabrollen unter Beachtung folgender Hinweise: Lasse dich gestreckt überfallen, ziehe erst im Rollen die Knie an die Brust, spanne den Körper bis in die Zehenspitzen.

- Demonstration der Übung durch einzelne Schüler;
- Erläutern der einzelnen Phasen;
- danach erneutes Üben

10 Grundformen der methodischen Differenzierung

Lernen und Üben des Schlagballwurfs
Differenzierung in drei Gruppen (= konvergente Differenzierung)

Gruppe c: **Schüler mit geringen Voraussetzungen/Vorerfahrungen**
Ziele: **Verbessern der konditionellen und koordinativen Voraussetzungen**

<u>Übungen – eine mögliche Auswahl</u>

Den Ball mit der Wurfhand steil nach vorn-unten auf den Boden werfen und wenn möglich, den hochprellenden Ball mit der umgedrehten Pylone wieder einfangen.

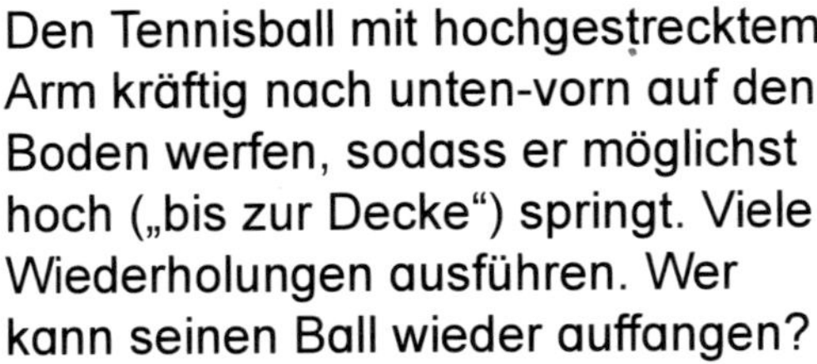

Den Tennisball mit hochgestrecktem Arm kräftig nach unten-vorn auf den Boden werfen, sodass er möglichst hoch („bis zur Decke") springt. Viele Wiederholungen ausführen. Wer kann seinen Ball wieder auffangen?

Mit einem nach hinten-oben hoch gestreckten Arm einen Tennisball nach unten-vorn werfen, sodass der Ball kräftig auf den Boden prellt und von dort aus gegen die Wand springt.
<u>Hinweise</u>: Schon bei diesem Wurf auf die richtige Beinstellung achten, d. h. beim Rechtshänder steht der linke Fuß vorn. Beim Linkshänder steht der rechte Fuß vorn.

Zwei Schüler stehen sich gegenüber, zwischen ihnen befindet sich eine gespannte Schnur in ca. 1,50 m Höhe. Schüler A führt mit dem Tennisball in seiner Hälfte einen kräftigen Prellwurf aus, sodass der Ball danach über die Schnur springt. Schüler B versucht den Ball zu fangen und führt anschließend auch einen Prellwurf aus.

10 Grundformen der methodischen Differenzierung

Gruppe b: Schüler mit erwarteten (normalen) Voraussetzungen
Ziele: Lernen und Üben des Schlagballwurfs aus dem Stand

Übungen – eine mögliche Auswahl

Den Tennis- oder Schlagball mit beiden Händen fassen, die Daumen parallel nebeneinander oberhalb des Balles. In leichter Grätschstellung den Ball nach einer kurzen Auftaktbewegung auf den Boden werfen. Mehrere Male ausführen.

Die Grundhaltung (wie beschrieben) bleibt bestehen. Der Schüler führt den Ball aber jetzt mit leicht gebeugten Armen über den Kopf und wirft ihn anschließend mit beiden Händen kräftig gegen die Wand. Wer kann den zurückspringenden Ball vor dem Körper gleich wieder fangen und erneut gegen die Wand werfen?

Hinweis: Wichtig ist, dass der Ball über Kopfhöhe die Wand erreicht.

Leichte Grätschstellung, den Ball mit leicht gebeugten Armen über Kopf und bekannter Handfassung halten. Der Rechtshänder führt nun mit dem gehaltenen Ball über Kopf eine Vierteldrehung rechts aus, wobei der rechte Fuß nur leicht mitdreht, während der linke Fuß angehoben und mit dem Fußballen vor dem Körper neu aufgesetzt wird, sodass nun die linke Körperseite in Wurfrichtung zur Wand zeigt. Durch die Vierteldrehung wird die Wurfarmschulter zurückgenommen und die rechte Wurfhand gelangt hinter den Ball, während die linke Hand nur noch Stützfunktion hat. Aus dieser Stellung den Ball kräftig gegen die Wand werfen.

Hinweis: Nach der Vierteldrehung sofort werfen.

Wie vorher, aber jetzt erfolgt während des Ausführens der Vierteldrehung das Rücknehmen des fast gestreckten Wurfarmes und das gleichzeitige Vornehmen des linken Armes (zeigt in Wurfrichtung). Danach sofort werfen. Immer wieder ausführen, evtl. auch den Abstand zur Wand erweitern.

Hinweise: Vierteldrehung – Wurfarmrücknahme – linker Arm zeigt in Wurfrichtung – und Wurf. Darauf achten, dass der Wurfarm am Kopf vorbeigeführt wird.

Ball in die Wurfhand übergeben. Schüler A verlagert sein Gewicht nach hinten und nimmt den Wurfarm zurück. Schüler B steht dahinter und übergibt den Ball von hinten in die Wurfhand. Schüler A wirft sofort den Ball am Kopf vorbei schlagartig nach vorn ab.

Hinweise: Der Ball wird hauptsächlich mit Daumen, Zeigefinger und Mittelfinger der Wurfhand gehalten.

KOHL VERLAG Differenzierung im Sportunterricht / Grundschule – Bestell-Nr. 13 019

10 Grundformen der methodischen Differenzierung

Gruppe a: Schüler mit guten Voraussetzungen
Ziele: Festigen des Standwurfs und Lernen der Dreischrittfolge

Übungen – eine mögliche Auswahl

Differenzierung durch Abstände:
Schlagwurf aus der Schrittstellung: Suche dir eine Abwurfstelle (15-30 m), aus der du ohne Probleme das Geländer des Sportplatzes mit deinem Schlagball überwerfen kannst. Beginne mit kurzem Abstand und versuche schrittweise den Abstand zu erweitern.

Ganz wichtig! Lauft immer ganz außen herum, um eure Schlagbälle zurückzuholen. Geht danach auch wieder außen herum zu eurer Abwurfstelle.

Differenzierung durch Wurfzonen:
Schlagwurf aus der Schrittstellung (beim Rechtshänder steht der linke Fuß vorn, Fassen des Balles mit 3 Fingern = Daumen, Zeigefinger und Mittelfinger, Ringfinger und kleiner Finger sind gebeugt). Aus seitlicher Wurfauslage (linke Seite und Blick in Wurfrichtung) mit Zurücknehmen des Wurfarmes erfolgt der Wurf über Kopf mit vorauseilendem Ellenbogen.

Schlagballweitwurf mit der Dreischrittfolge:
Den ersten Schritt (Rechtswerfer) mit dem linken Bein ausführen und zugleich den Wurfarm und die Wurfschulter zurücknehmen. Der zweite Schritt mit dem rechten Bein erfolgt flach über dem Boden (Impulssschritt). Der folgende dritte Schritt führt in die optimale Wurfauslage – „Bogenspannung" – damit der Ball schlagartig am Kopf vorbeigeführt und abgeworfen werden kann. Evtl. den Arm von Beginn an hinten lassen, damit die Wurfarm-Streckung auch wirklich bewusst wird.

Hinweise:

- Die Schüler beginnen erst dann mit dem Anlauf, wenn der Standwurf in der Grobform technisch richtig ausgeführt wird.
- Entscheidend hierbei ist nicht eine bestimmte Schrittfolge, sondern das fließende ineinander übergehende Laufen und Werfen.
- Der Schüler läuft an und erreicht über den Impulsschritt die Wurfauslage.
- Aus einer Bogenspannung des Körpers wird der Wurfarm schlag-/peitschenartig dicht am Kopf vorbeigeführt und der Ball abgeworfen.
- Der Schwung des Körpers wird durch ein flaches Umspringen mit dem rechten Bein aufgefangen.

Grundformen der methodischen Differenzierung

Lernen und Üben der Beinbewegung beim Brustschwimmen

Differenzierung in drei Gruppen (= konvergente Differenzierung)

Siehe auch: Niedersächsisches Kultusministerium – Bestimmungen für den Schulsport, S. 478-479: 3. Sorgfalts- und Aufsichtspflicht in besonderen Bereichen; 3.1 Bewegungsfeld „Schwimmen, Tauchen, Wasserspringen"; 3.1.1 Aufsicht und Organisation

Gruppe a: Schüler mit guten Voraussetzungen
Ziele: Festigen der Beinbewegung – Lernen der Atmung beim Brustschwimmen

Übungen – eine mögliche Auswahl

Beinbewegung mit Schwimmbrett

Vom Beckenrand abstoßen, mit dem Schwimmbrett gleiten und einige Beinschläge ausführen.

Hinweise: Mit gestreckten Armen das Schwimmbrett halten, das Gesicht ist im Wasser.

Üben und Festigen

- Wie vorher, aber nur leichtes Abstoßen von der Wand in die Gleitlage und danach mehrere Beinschläge ausführen. Übung mehrmals ausführen, mit der Zeit die Strecke verlängern.
- Gleiten und Brustbeinschlag mit Armen in Vorhalte, dabei das Schwimmbrett wie eine „Haiflosse" senkrecht halten.

Beinschlag und Atmung

Schwimmen mit Schwimmbrett, die Beinschläge sorgen für den Vortrieb. Der Übende spricht (denkt) für sich: *„... und Beinschlag – und Beinschlag ..."*.

- *„und"* heißt: Beine anziehen – Kopf leicht anheben und einatmen.
- *„Beinschlag"* heißt: Beine zusammenschlagen (führen), Kopf ins Wasser tauchen und ausatmen.

Hinweise: Immer im Wasser ausatmen, dadurch wird die Wasserlage insgesamt flacher und besser. Diese Übung mehrmals intensiv ausführen und möglichst mehrere Beinschläge in Folge machen. Mit der Zeit Übungsstrecke verlängern.

10 Grundformen der methodischen Differenzierung

Gruppe b: Schüler mit erwarteten (normalen) Voraussetzungen
Ziele: Lernen und Üben der Beinbewegung beim Brustschwimmen

Übungen – eine mögliche Auswahl

Gleiten in der Brustlage:
Sitz auf der untersten Treppenstufe des Lehrschwimmbeckens: Kräftiges Abstoßen in die Gleitlage.

Hinweise: Der Lernende ist beim Gleiten ganz gestreckt, sein Kopf befindet sich zwischen den Armen. Den Vortrieb bis zum Ausgleiten nutzen. Am Ende des Gleitens werden die Beine angezogen und der Lernende stellt sich selbst wieder hin.

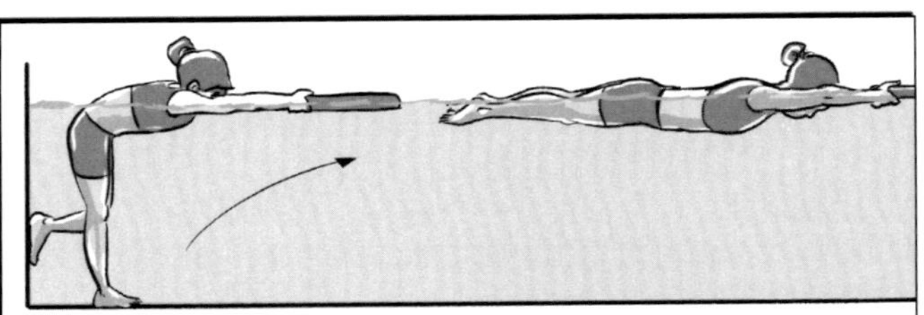

Gleiten mit Abstoß von der Beckenwand – „so weit es geht":
Im Stand Abstoß von der Beckenwand mit anschließendem Gleiten an der Oberfläche, evtl. auch mit Einsatz eines Schwimmbrettes.

Hinweis: Der Kopf liegt beim Gleiten zwischen den Armen im Wasser.

Beinbewegung – Schwunggrätsche:
Der Bewegungsablauf der Schwunggrätsche wird vom Sportlehrer oder einem Schüler demonstriert, damit sich bei den Schülern eine erste Bewegungsvorstellung bildet.
An den Treppenstufen des Lehrschwimmbeckens: Stütz mit beiden Händen auf der Treppenstufe in der Brustlage. Üben der Schwunggrätsche.
Bewegungsablauf (evtl. auch von den Schülern sprechen lassen): Die Füße werden unter der Wasseroberfläche in Richtung Gesäß angezogen, dadurch entsteht eine starke Beugung im Kniegelenk. Am Umkehrpunkt werden die Fußspitzen auswärts gedreht und gleichzeitig angezogen (= „Clown-Füße"). Danach erfolgt die schwungvolle halbkreisförmige Schlagbewegung der Unterschenkel (= Schwunggrätsche). Schließlich werden die Beine geschlossen und gestreckt.

Hinweise: Die Kinder üben den Brustbeinschlag so lange, bis sie ihn symmetrisch und sicher ausführen können. Der Sportlehrer fasst die Fußgelenke und „führt" die Beinbewegung.

Gleiten und Beinbewegung:
Abstoß von der Beckenwand mit Gleiten und anschließendem Brustbeinschlag. Die Arme bleiben gestreckt, das Gesicht ist im Wasser.

Hinweise: Die Beinbewegung setzt erst nach einigen Metern des Gleitens ein – nicht sofort. Dem Übenden soll der Vortrieb durch den Beinschlag bewusst werden.
Mit zunehmender Sicherheit die Übungsstrecke verlängern. Evtl. auch mit Schwimmbrett üben.

10 Grundformen der methodischen Differenzierung

Gruppe c: **Schüler mit geringen Voraussetzungen/Vorerfahrungen**
Ziele: **Voraussetzungen schaffen: schweben und gleiten**

Übungen – eine mögliche Auswahl

Im hüft- bis brusthohen Wasser:
Grätschstand mit Armen in der Seithochhalte, sich in die Brustlage umfallen lassen und dabei lernen, den Körper auszubalancieren.

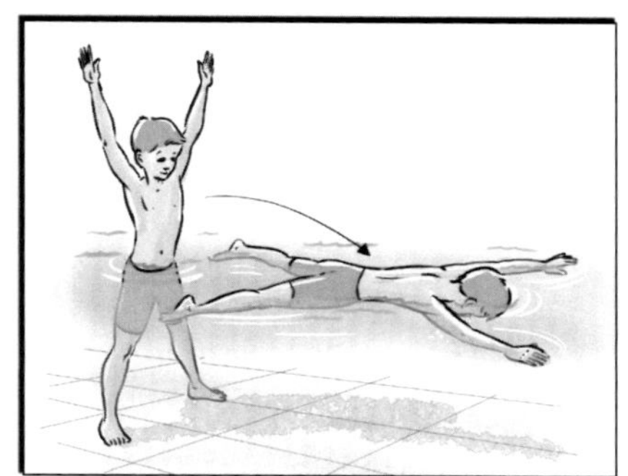

Hinweise: Schweben in Brustlage: Der Kopf ist zwischen den Armen, Gesicht ist im Wasser.
Aufstehen: Die Arme und Hände werden kräftig nach unten gedrückt und unterstützen das gleichzeitige Anhocken der Beine.

Im hüft- bis brusthohen Wasser:
Grätschstand mit Armen in der Seithochhalte, sich behutsam in die Rückenlage begeben und schwebend wie ein Seestern auf das Wasser legen. Der Blick geht zur Decke, die gestreckten Arme und Beine balancieren den Körper aus.

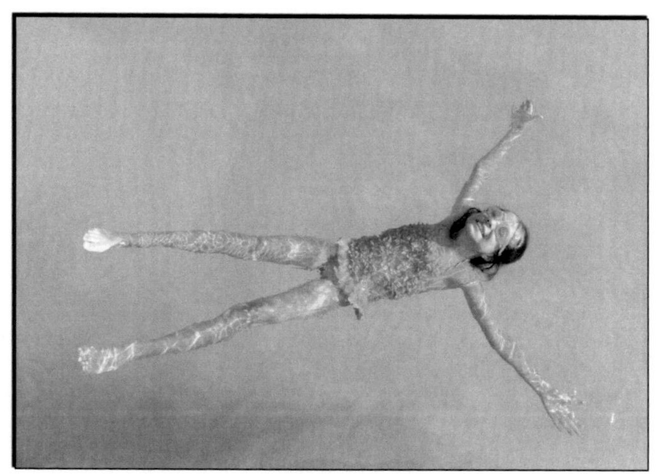

Hinweise: Schweben in Rückenlage – der Kopf liegt auf dem Wasser, Hüfte hoch.
Aufstehen: Die Arme unterstützen das Aufrichten des Oberkörpers und das Anhocken der Beine.

Streckschwebe in Bauch- und Rückenlage – verschiedene Übungen:
- die Beine grätschen und wieder schließen;
- die Knie beide zugleich anhocken oder im Wechsel anhocken;
- Kraulbeinschlag ausführen;
- Schweben in der Rückenlage und wie gewohnt aufstehen. Anschließend sofort Schweben in der Bauchlage und danach wie gewohnt aufstehen.

Passives Gleiten:
1. Das Kind sitzt auf der Treppe des Lehrschwimmbeckens und streckt die Arme nach vorn. Der Sportlehrer fasst die Hände und zieht es nun in Gleitposition ein Stück durch das Wasser.
2. Wie vorher, aber das Kind sollte am Ende des Gleitens möglichst selbst aufstehen können, d. h. die Beine anhocken und in den Stand kommen.
3. Wie vorher, aber der Sportlehrer zieht ein Schwimmbrett, an dem sich das Kind festhält, durch das Wasser. Dadurch wird der Abstand zwischen Schwimmschüler und Sportlehrer etwas vergrößert.

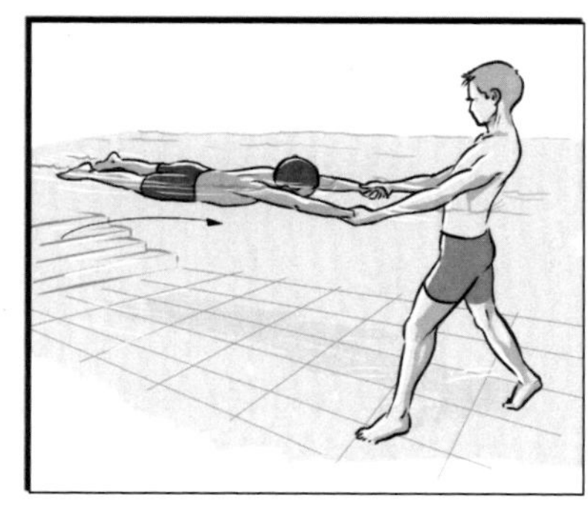

KOHL VERLAG Differenzierung im Sportunterricht / Grundschule – Bestell-Nr. 13 019

10 Grundformen der methodischen Differenzierung

10.2 Divergente Differenzierung (Sekundärdifferenzierung)

> Das besondere Anliegen der divergenten Differenzierung besteht darin, im Rahmen eines vorgegebenen Themas oder Stoffgebietes die Leistungsmöglichkeiten aller Schüler möglichst weit auszuschöpfen.[1]

Dabei geht die divergente Differenzierung von einem relativ einheitlichen Ausgangsniveau aus. Im Verlaufe des Lern- und Übungsprozesses entwickelt sich eine Auffächerung des Klassenverbandes, um jeden einzelnen Schüler individuell möglichst weit zu fördern.
Die divergente Differenzierung erfordert vom Sportlehrer gute Fachkenntnisse und improvisatorisches Geschick.

Im praktischen Sportunterricht sieht das dann meist wie folgt aus:

- Alle Jungen und Mädchen beginnen mit einer Übung, die alle beherrschen und ausführen können.
- Der Sportlehrer muss also immer eine Einstiegsübung auswählen, die auch von den leistungsschwächeren Schülern nach einigen Versuchen ausgeführt werden kann. Durch das Gelingen der ersten Übung hat der einzelne Schüler sofort ein Erfolgserlebnis, das sich wiederum positiv auf den weiteren Lern- und Übungsprozess auswirkt.
- Mit ansteigendem Schwierigkeitsgrad der Übungsfolge erreichen immer mehr Schüler ihre Leistungsgrenze.
- Erreicht jemand seine Leistungsgrenze, so wird der Sportlehrer versuchen, durch entsprechende Hilfen wie Korrekturen, Bewegungshilfen, Demonstrationen etc. die Schwierigkeiten zu beheben.

In den meisten Fällen ergibt sich dabei folgende Verfahrensweise:

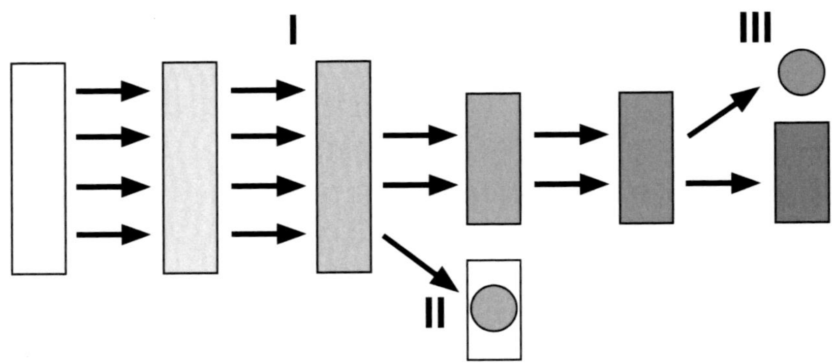

I	Die Schüler üben die letzte oder auch die vorletzte erreichte Übung weiter.
II	Die Schüler bilden eine Gruppe, die unter erleichterten Bedingungen übt.
III	Die verbleibenden (guten) Schüler werden weiter entsprechend ihrer Möglichkeiten gefördert.

Das Kennzeichen der divergenten Differenzierung besteht darin, dass zu Beginn des Lernens und Übens keine Gruppenbildung erfolgt, sondern mit einer einfachen Übung begonnen wird, die von allen Schülern ausgeführt werden kann.

---

[1] Söll, W.: Differenzierung im Sportunterricht, zweiter Teilband, S. 229

10 Grundformen der methodischen Differenzierung

Lernen und Üben der Grätsche über den Bock

Differenzierung durch Auffächerung (= divergente Differenzierung)

Einstiegsübung – Angrätschen:

Jeder Schüler sucht sich einen freien Platz zwischen den Geräten möglichst an einer Markierungslinie: Aus dem Liegestütz vorlings leichtes Angrätschen der Füße mit fast gestreckten Beinen. Zurück in den Liegestütz und gleich noch einmal Angrätschen.

Hinweise: Mehrere Male möglichst rhythmisch wiederholen.

Liegestütz mit Angrätschen:

Aus dem Liegestütz vorlings Angrätschen mit fast gestreckten Beinen. Wer schafft es bis zur Linie der Hände?

Hinweise: Mehrmals rhythmisch nacheinander ausführen.

Vorfassen der Hände und Nachgrätschen:

Leichter Grätschstand mit Stütz der Hände auf dem Boden. Der Stütz erfolgt direkt vor dem Körper, die Arme sind hierbei gestreckt. Vorrutschen oder Vorfassen der Hände und anschließendes Nachgrätschen mit fast gestreckten Beinen.

Hinweise: Circa 5-7mal nacheinander ausführen, bis es flüssig und ohne Unterbrechung gelingt.

Grätsche über kleine Kästen:

Kurzer Anlauf, Absprung mit beiden Füßen, Vorfassen der Hände auf das entfernte Ende des kleinen Kastens und Übergrätschen. Zwischenhüpfer und erneutes Übergrätschen usw.

Hinweise: Mehrere kleine Kästen stehen längsseitig mit Abstand hintereinander. Zwischen den Kästen soll nur ein Zwischenhüpfer (mit beiden Füßen ausführen) möglich sein, der dann sofort in den nächsten beidbeinigen Absprung übergeht.

10 Grundformen der methodischen Differenzierung

Grätsche mit „kleiner“ Flugphase:
Vor dem Stütz der Hände eine kleine Flugphase ausführen und die Füße bei der Landung schließen.

Hinweise: Evtl. müssen die kleinen Kästen etwas auseinander gezogen werden, damit die „kleine“ Flugphase möglich wird.

Grätsche über den Bock:
Die Schüler grätschen über die kleinen Kästen, laufen dann sofort weiter zum Bock und führen dort die Grätsche mit Hilfe aus.

Hinweise: Es darf kein Stau zwischen den kleinen Kästen und dem Bock entstehen!

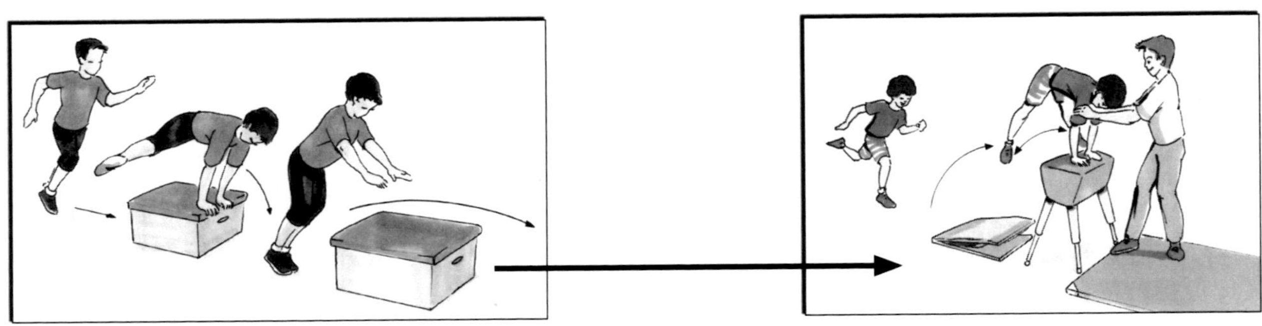

- Der Sportlehrer steht in Schrittstellung hinter dem Gerät und unterstützt (hebend und ziehend) mit beiden Händen an den Oberarmen des Übenden. Mit zunehmendem Können wird die Hilfeleistung Schritt für Schritt abgebaut.

Weitere Differenzierung

Grätsche über den Bock mit erweitertem Brettabstand (ca. 30-50 cm):
Evtl. wird noch ein zweiter Bock aufgebaut. Hier können die schon sicheren Schüler mit Hilfeleistung durch einen Mitschüler üben.

Grätsche über den Doppelbock (T-Bock) mit Stütz der Hände auf dem höheren Bock:
Erfahrungsgemäß sind schnell einige Schüler dazu in der Lage.

Hinweise: Dazu werden zwei Böcke zusammengestellt. Der dem Sprungbrett nähere Bock (Höhe ca. 90 cm) wird lang gestellt, der entferntere Bock (Höhe ca. 1,10-1,20 m) wird seitgestellt. Auch hier wird zunächst mit Hilfeleistung geübt.

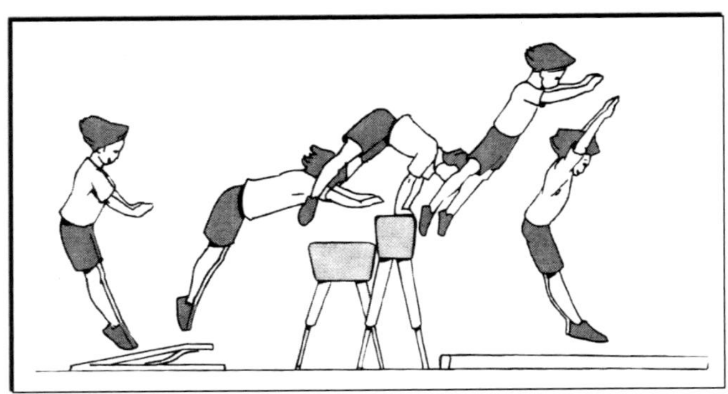

10 Grundformen der methodischen Differenzierung

<u>**Lernen und Üben des Kraulbeinschlages in der Rückenlage**</u>

Differenzierung durch Auffächerung (= divergente Differenzierung)

Einstiegsübung – Streckschwebe in der Rückenlage:

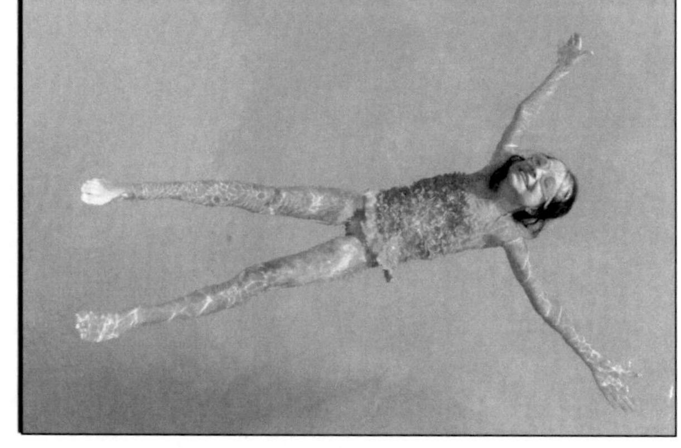

Im hüft- bis brusthohen Wasser: Grätschstand mit Armen in der Seithochhalte, sich behutsam in die Rückenlage begeben und schwebend wie ein Seestern auf das Wasser legen. Der Blick geht zur Decke, die gestreckten Arme und Beine balancieren den Körper aus.

<u>**Hinweise**</u>: Kopf liegt auf dem Wasser, Hüfte hoch.

<u>Aufstehen aus der Rückenlage</u>: Die Arme unterstützen das Aufrichten des Oberkörpers und das Anhocken der Beine.

Kaulbeinschlag mit Sitz am Beckenrand:

Sich auf den Beckenrand setzen und den Kraulbeinschlag ausführen – die Beine schlagen mit leicht nach innen gedrehten Füßen wechselweise ab- und aufwärts.

<u>**Hinweise**</u>: Sich vorstellen, auf der Wasseroberfläche schwimmende Bälle mit den Füßen hoch zu kicken.

Die Hände stützen hinten. Möglichst die Beine und Hüfte strecken (entsprechend muss die Sitzposition gewählt werden).

Abstoßen von der Beckenwand und Gleiten in der Rückenlage:

Festhalten am Beckenrand oder der Überlaufrinne, die Füße werden gegen die Wand gestemmt, sodass die Knie gebeugt und sich das Gesäß fast in Höhe der Füße befindet.

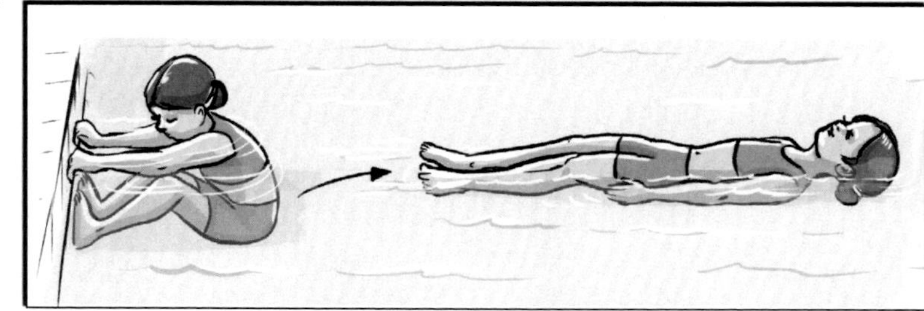

Nun die Hände vom Beckenrand lösen und sich mit den Füßen kräftig von der Wand abstoßen.

Abstoßen von der Wand und Gleiten in der Rückenlage mit Händen über Kopf:

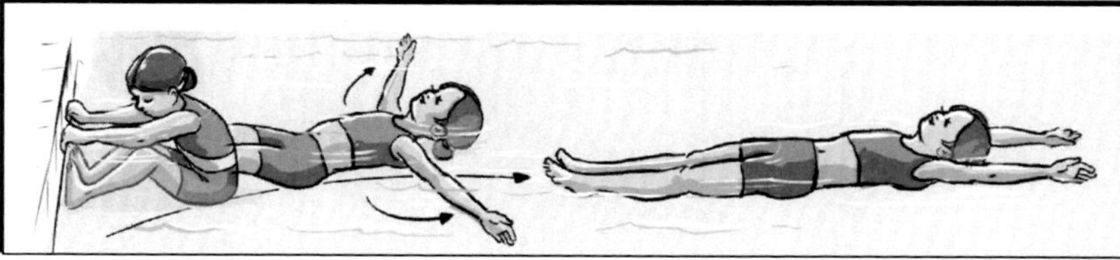

Nach dem Lösen der Hände vom Beckenrand werden die Arme seitlich nach hinten geschwungen und führen so den Körper in die Streckung.

10 Grundformen der methodischen Differenzierung

Gleiten mit Kraulbeinschlag:
Kräftiges Abstoßen von der Beckenwand mit anschließendem Gleiten und Kraulbeinschlag mit Einsatz eines Schwimmbrettes.

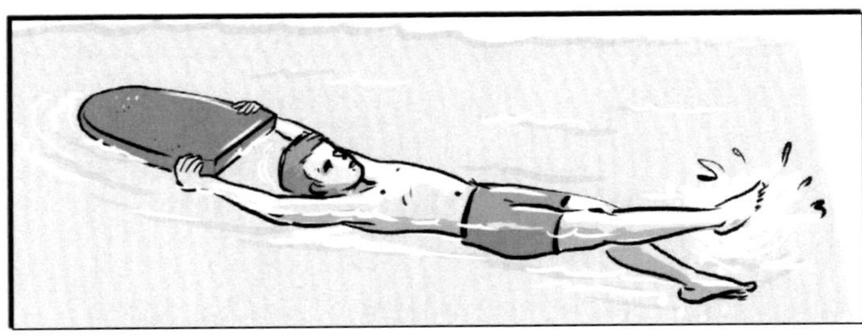

Hinweise: Einen Fuß an die Wand setzen, in die Knie gehen, Kopf und Arme mit dem Schwimmbrett auf das Wasser legen. Sobald die Ohren im Wasser sind, sich kräftig von der Wand abstoßen. Der Beinschlag setzt erst dann ein, wenn das Gleiten abklingt.

Kraulbeinschlag am Beckenrand:
Sich am Beckenrand festhalten und in der gestreckten Körperlage den Kraulbeinschlag ausführen. Die Beine schlagen wechselweise peitschenartig aus den Hüft- und Kniegelenken auf- und abwärts.

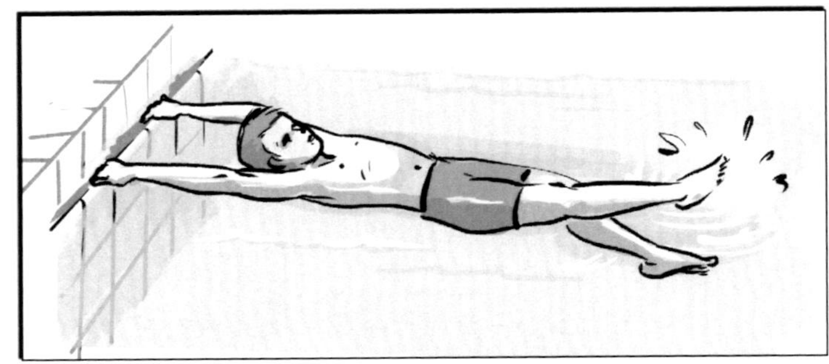

Hinweise: Die Arme und der Körper sind gestreckt.

Wie vorher, aber:
Den Beinschlag kurz aussetzen (die Beine senken sich ab), dann den Kraulbeinschlag wieder ausführen und den Auftrieb spüren.

Kraulbeinschlag in der Rückenlage:
Abstoßen von der Beckenwand mit anschließendem Gleiten und Kraulbeinschlag.

Hinweise: Die Arme sind über Kopf und gestreckt, die Hände verschränkt, eine Hand fasst den Daumen der anderen Hand. Das Gesicht liegt oberhalb des Wassers.

- Das Halten der gestreckten Arme über Kopf gilt für alle Übungen in der Rückenlage, um Verletzungen im Kopfbereich zu vermeiden.
- Auf Orientierungshilfen im Schwimmbecken hinweisen, z. B. Einstiegsleiter an den Seiten, Deckenbeleuchtung, Leinen im Schwimmbecken, Außenfenster des Schwimmbades, Bänke an den Seiten des Schwimmbades usw.

10 Grundformen der methodischen Differenzierung

<u>Hochsprung vorbereiten – Lernen des Schersprungs</u>
Differenzierung durch Auffächerung (= divergente Differenzierung)

Einstiegsübung – Schrittsprünge von Reifen zu Reifen:
Lernen und Üben des einbeinigen Absprungs.

<u>Hinweise</u>: Die Abstände so wählen, dass immer nur ein Fuß in jeden Reifen aufgesetzt werden kann.

Schrittsprünge über die in Reihe stehenden kleinen Kästen

<u>Hinweise</u>: Abstände so wählen, dass immer nur ein Fuß auf jeden kleinen Kasten gesetzt werden muss.
– Die Schüler sollen feststellen, mit welchem Fuß sie besser abspringen können.

Hocksprung über die Schnur: Einige Schritte Anlauf, mit einem Fuß abspringen, Hocksprung über die Schnur ausführen.

<u>Hinweise</u>: Die Schüler springen nun mit dem „guten Fuß" ab.

Einfache Schersprünge über mehrere gehaltene Zauberschnüre ausführen.

Hinweise: Die Schnüre so halten, dass man leicht darüber springen kann. Wichtig ist der schräge Anlauf, <u>Absprung mit dem schnurfernen Bein</u>, Landung auf dem Schwungbein.

Rechtsspringer laufen von **links** an.

Linksspringer laufen von **rechts** an.

5-7 Schritte Anlauf und Schersprung über die Schnur (ca. 40-70 cm hoch). Landung auf dem Schwungbein mit Unterstützung durch Aufsetzen des nachgezogenen Sprungbeines.

<u>Hinweise</u>: Die Höhe immer der jeweiligen Gruppe anpassen.
- Absprung mit dem schnurfernen Bein ca. eine Armlänge vor der Mitte der Hochsprunganlage. Der Absprungfuß setzt in Laufrichtung auf. Kräftiger Schwungbeineinsatz (fast gestreckt) und auf dem Schwungbein landen.
- Mehrere Durchgänge ausführen, dann die Schnur erhöhen oder eine zweite Anlage aufbauen (weitere Differenzierung).

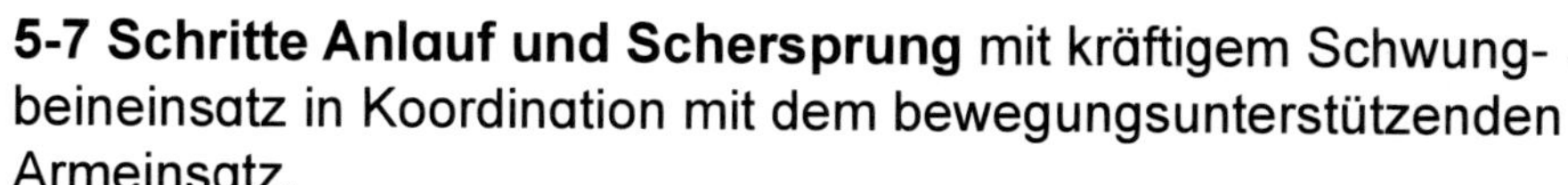

5-7 Schritte Anlauf und Schersprung mit kräftigem Schwungbeineinsatz in Koordination mit dem bewegungsunterstützenden <u>Armeinsatz</u>.

<u>Hinweise</u>: Der Anlauf muss flüssig in den Absprung übergehen. Mehrere Durchgänge, unterschiedliche Höhen springen lassen.

Literatur

- Frölich, R.: Binnendifferenzierung, St. Franziskus-Gymnasium und Realschule, Kaiserlautern, 15.03.2012
- Handreichung: Schulsport in Thüringen vom Institut für Lehrerbildung, Lehrplanentwicklung und Medien – Differenzierung 2011
- Heymen, N./Leue, W.: Planung von Sportunterricht, Schneider Verlag Hohengehren 2008
- Lütgeharm, R.: Sport in drei Niveaustufen, Kohl-Verlag 2016
- Lütgeharm, R.: Fitnessstudio im Sportunterricht, Kohl-Verlag 2018
- Meinel, K./Schnabel, G: Bewegungslehre – Sportmotorik, Südwest Verlag 2004
- Söll, W.: Differenzierung im Sportunterricht, Zweiter Teilband, Verlag Karl Hofmann 1979
- Söll, W.: Differenzierung im Sportunterricht, Erster Teilband, Verlag Karl Hofmann 1973
- Staatliches Studienseminar für das Lehramt an Grund- und Hauptschulen Kusel – Februar 2011 – Das Unterrichtsprinzip Differenzierung